宫里过七夕

《紫禁城》杂志编辑部◎编

故宫出版社

图书在版编目（CIP）数据

宫里过七夕／《紫禁城》杂志编辑部编．—北京：故宫出版社，2019.7

ISBN 978-7-5134-1225-4

Ⅰ．①宫… Ⅱ．①紫… Ⅲ．①节日—风俗习惯—中国—通俗读物 Ⅳ．①K892.1-49

中国版本图书馆 CIP 数据核字（2019）第 134787 号

宫里过七夕

出版人：王亚民
责任编辑：周利楠　崔月姣
设计：王梓
出版发行：故宫出版社
地址：北京市东城区景山前街4号　邮编：100009
电话：010-85007808　010-85007816　传真：010-65129479
邮箱：ggcb@culturefc.cn
制版：北京印艺启航文化发展有限公司
印刷：北京启航东方印刷有限公司
开本：889毫米×1194毫米　1/16
印张：13
字数：15千字
版次：2019年7月第1版
2019年7月第1次印刷
印数：1～5000册
书号：ISBN 978-7-5134-1225-4
定价：76.00元

目录

第一章

掌故

七夕又称乞巧节，是中国的传统节日，是属于女子的节日。宫廷中的节日习俗源自民间传统，不仅节日里的习俗有趣，就连节日的来历也值得细细品味。那么古人从何时开始过七夕的呢？七夕节又如何成为了女子的节日？人间的七夕节又是怎么与天上的星星联系到一起的呢？古人的生活智慧与想象造就了我们今天的历史与神话。

吳郡仇英製

何时开始过七夕

七夕是中国传统节日之一，但古人何时开始过七夕，却并无十分明确的说法。西汉时期的《西京杂记》记载了彩女于七月七日登楼穿七孔针乞巧的习俗。这一记载似乎足以证明，西汉时期已经有了乞巧习俗，并且固定到了七月七日这一天。隋人杜公瞻在《荆楚岁时记》注中引述《世王传》一书的佚文，亦言及汉初七夕之俗：「窦后少小头秃，不为家人所齿。遇七月七日夜，人皆看织女，独不许后出。乃有神光照室，为后之瑞。」窦后当即汉文帝的皇后、汉景帝的母亲、汉武帝的祖母，那位历经三世、权倾一时的窦太后。窦太后生于楚汉相争之际，长在民间贫寒之家。这条记载说窦后小时候就有

清 姚文瀚 七夕图轴

七月七日看织女的风俗，这岂不是七夕乞巧节的风俗在秦汉之交已经蔚然成风的证明吗？而提起七夕和西汉的关系，最为人熟知的自然要数西王母在七月七日之夜降临，向好道求仙的汉武帝传授长生秘诀的故事。

好求仙道的汉武帝

汉武帝好仙道，祭祀名山大泽以求神仙之道。时西王母遣使乘白鹿告帝当来，乃供帐九华殿以待之。七月七日夜漏七刻，王母乘紫云车而至于殿西，南面东向，头上太华髻，青气郁郁如云。有三青鸟，如乌大，立侍母旁。时设九微灯。帝东面西向，王母索七桃，大如弹丸，以五枚与帝，母食二枚。帝食桃辄以核着膝前，母曰：「取此核将何为？」帝曰：「此桃甘美，欲种之。」母笑曰：「此桃三千年一生实。」唯帝与母对坐，其从者皆不得进。时东方朔窃从殿南厢朱鸟牖中窥母，母顾之谓帝曰：「此窥牖小儿，尝三来盗吾此桃。」帝乃大怪之。由此世人谓方朔神仙也。

——晋·张华《博物志》卷八

清
缂丝七夕图镜心

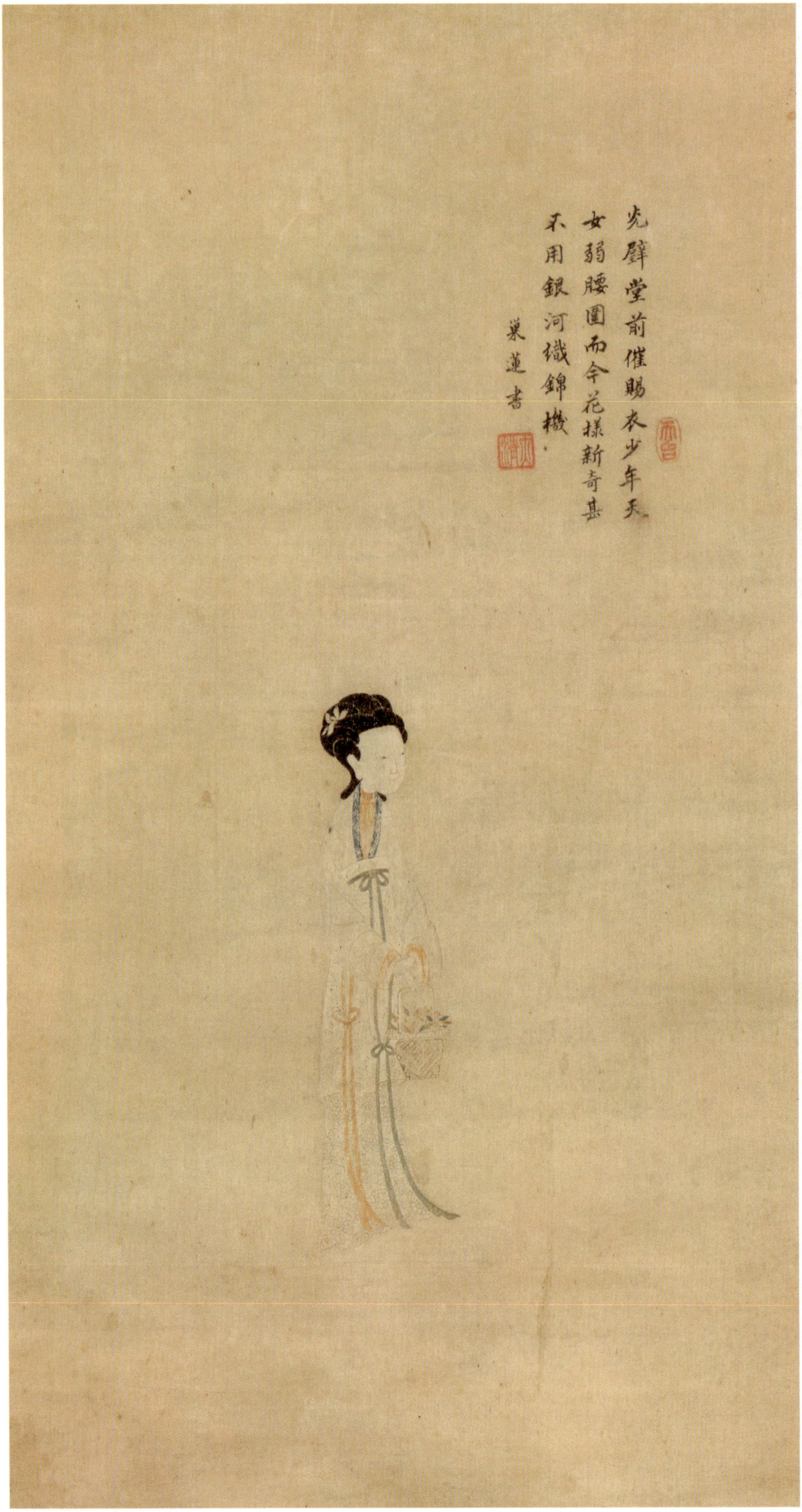

清　绣天女像轴

清　焦秉贞　仕女图册（十二开选三）

清　焦秉贞　仕女图册（十二开选三）

清　焦秉贞　仕女图册（十二开选三）

明 仇珠 女乐图轴

明　仇英　人物故事册（十开之二）

《西京杂记》中关于七月七日的记载

汉彩女常以七月初七日穿七孔针于开襟楼，俱以习之。

——汉·刘歆《西京杂记》卷一

戚夫人侍儿贾佩兰，后出为扶风人段儒妻。说在宫内时……至七月七日，临百子池，作于阗乐。乐毕，以五色缕相羁，谓为相连爱。

——汉·刘歆《西京杂记》卷三

以上诸书皆为小说家言。其实，只要对中国古代历法的发展有所了解，就知道西汉初期还根本不会有七夕这个节日。根据中国古代历法，从商代开始，一直使用干支纪日，即用甲、乙、丙、丁等十个天干和子、丑、寅、卯等十二个地支配合为六十甲子，循环纪日。一直到西汉时期，《史记》《汉书》记述史实都还

宋人绘　仙女乘鸾图页

是用干支纪日。我们现在习惯的数字纪日，即一月一日、二月二日之类，直到西汉末王莽时期才开始在一些碑刻中出现，到了东汉时期才真正流行起来，汉武帝时期的历法采用的仍是干支纪日。明白了这个道理，就不难理解汉武帝时期还不会有七月七日这个日期，因此也不可能有七夕这个节日了。

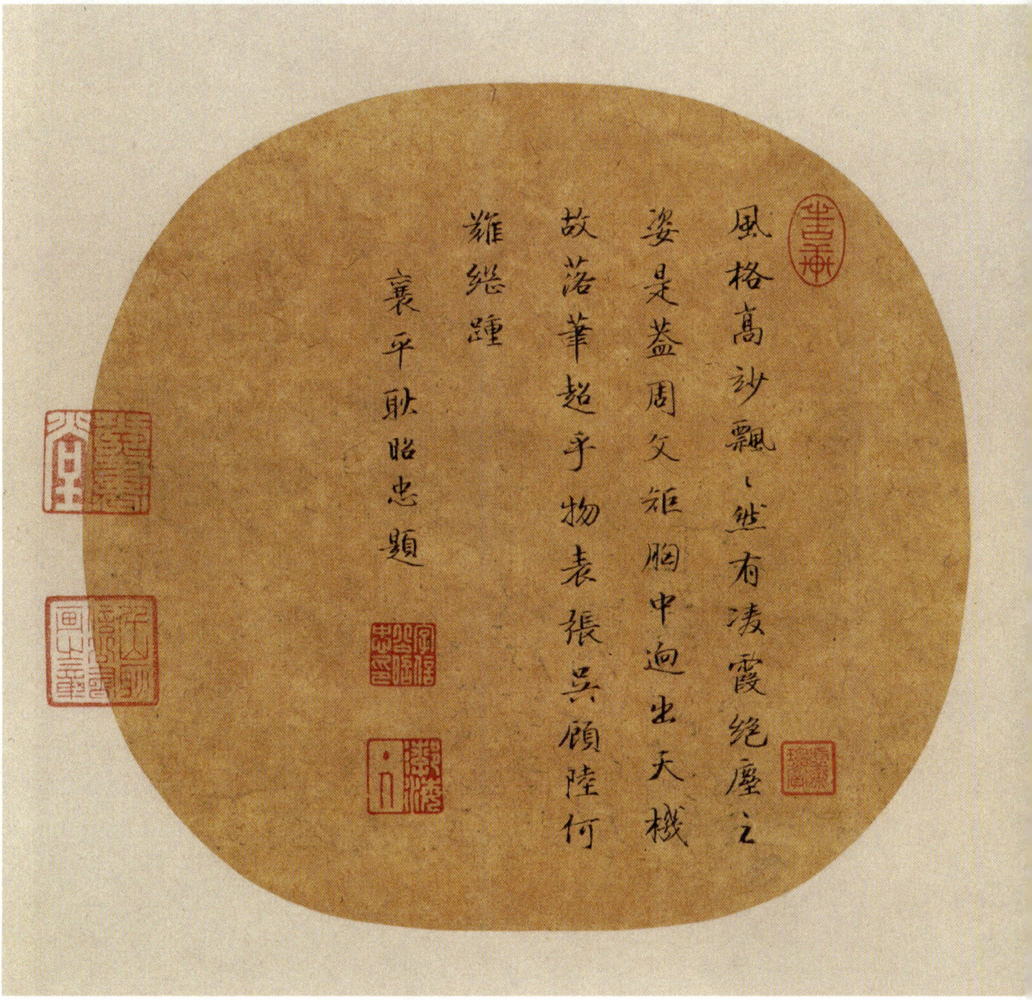

五代　阮郜　阆苑女仙图卷及其局部

现存古书中最早确凿无疑地出现「七月七日」这个日期的，是东汉学者崔寔所撰的《四民月令》，叙述一年十二个月之行事，可视为东汉乡村岁时生活与风俗的真实写照。其「七月」条中就记载了七月七日的诸多事务。按照习俗，七月初七这天要做酒曲，用兰草及蜀

汉　乐未央酒食壶

漆草制作用于除虫、解毒、治病的药丸，曝晒经书及衣裳，这天还可以作糗（即一种便于保存的干粮），还可以采苍耳（即葸耳，古人以苍耳籽榨油燃灯烛）。七月七日曝晒书籍、衣物的习俗表明，在东汉时期七月七日已经是一个有着特定风俗的节日了。

元 黑釉加彩题酒字玉壶春瓶

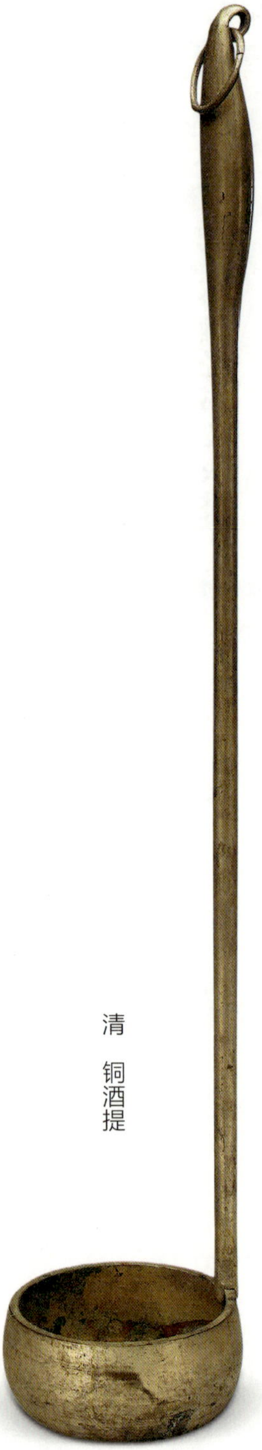

清　铜酒提

清　银花鸟纹酒葫芦

清　鎏金花卉高足银酒杯

清道光　矾红彩绳纹状元红酒坛

明人绘　村女采兰图轴

清人绘　采芝图页

清　范雪仪　采药图扇页

清　费丹旭　采芝图扇页

清乾隆
画珐琅开光仙女采药图盘

清　焦秉贞　历朝贤后故事册之「葛覃亲采」

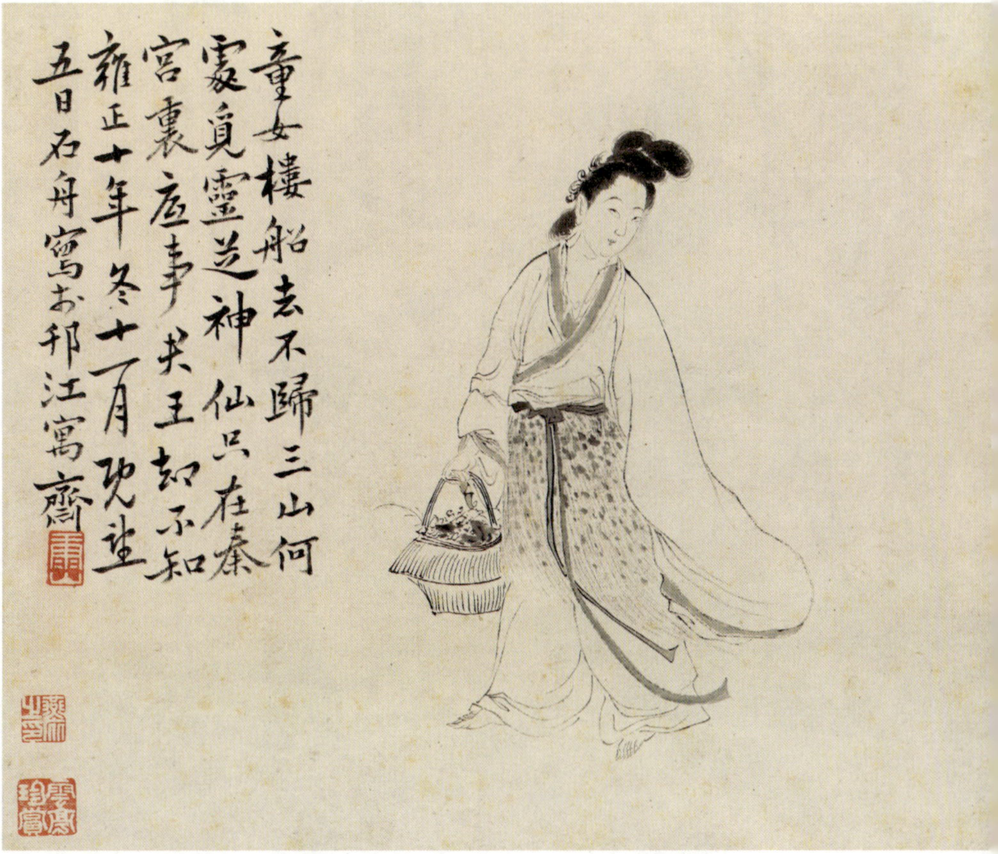

清　康涛　童女采芝图页

小臣焦秉貞恭畫

何时开始祭织女

七夕在东汉才固定到了七月七日这一天，因主要风俗是乞巧，故七夕节也称为乞巧节，女性乞巧的对象是织女，所以，七夕节与织女崇拜有关。

织女星包括三颗星，三星一明两暗，构成一个等腰三角形，两颗暗星位于三角形的底边，在不同的月份会朝向不

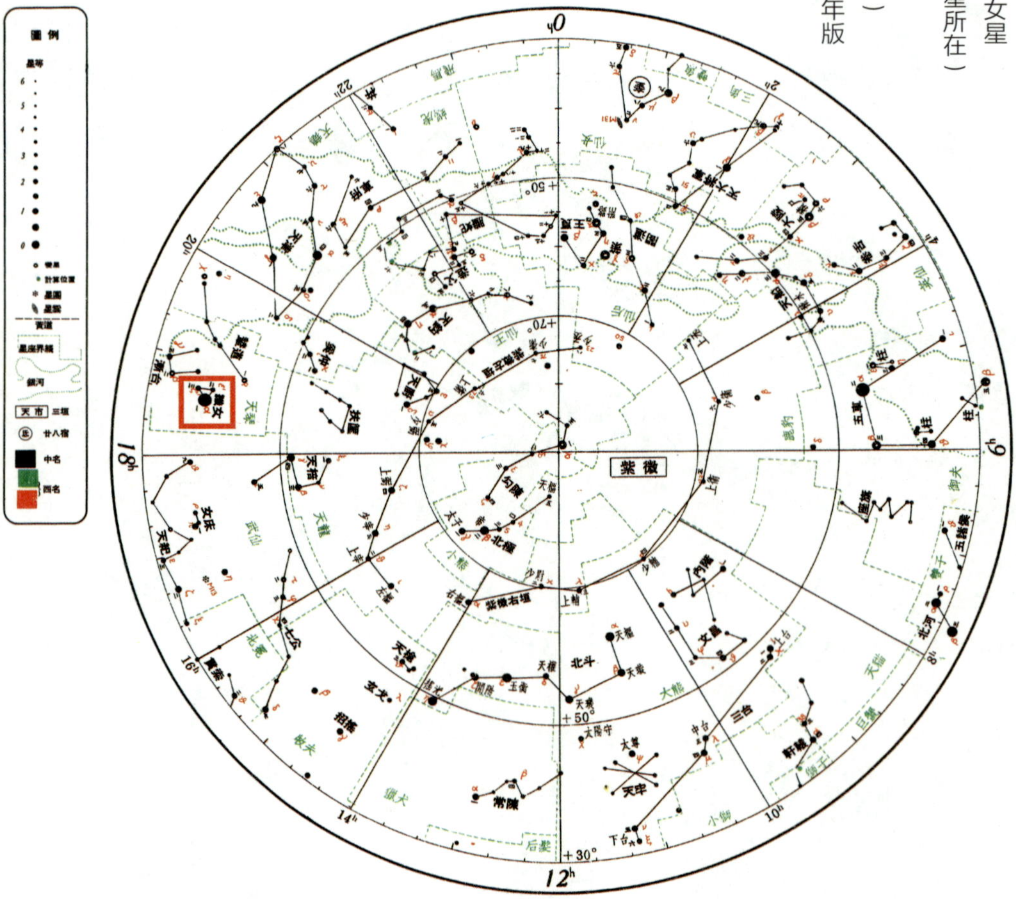

中国天文图中可见织女星（图中红框处为织女星所在）
图片取自王力主编《古代汉语》（第四册）中华书局，一九九九年版

《夏小正》中的织女星

《夏小正》今为《大戴礼记》的一篇，原本单行，它按一年十二月的顺序记载了每个月份的物候、天象、节庆和农事。古人相信此书出自夏代，夏代大概还没有文字，当然也不可能有这样一篇文章。但没有文字，并不妨碍夏代的农时知识凭借口耳相传而流传后世。《夏小正》中两度提到织女星，一是在七月，「初昏，织女正东乡」，意思是说，在七月的黄昏，看到织女三星中由两颗小星形成的开口朝向东方；一是在十月，「织女正北乡，则旦」，是说到了十月拂晓，看到织女星的两颗小星形成的开口朝向北方。

同的方向，古人根据织女星位置和朝向的变化判断时间。每到七月的黄昏，织女星高悬头顶的夜空，散发出明亮的光华，肯定给人留下美好的印象，因此，古人就用这种星象标志七月份的到来。织女星之名出现在成书于周代的古书《夏小正》中，但书中只提到织女星，没提到牵牛星，不过，那时候的人们肯定已经关注牵牛星了，因为牵牛星和织女星的关系太密切了。在头顶的夜空，牵牛星的亮度仅次于织女星，而且它和织女星仅有银河一水之隔，织女星处河西，牵牛星处河东。人们在仰望织女星之时，牵牛星肯定会同时映入视野。顺着织女星向东看去，在她的东南方不远处，就是那令她朝思暮想的牵牛郎。

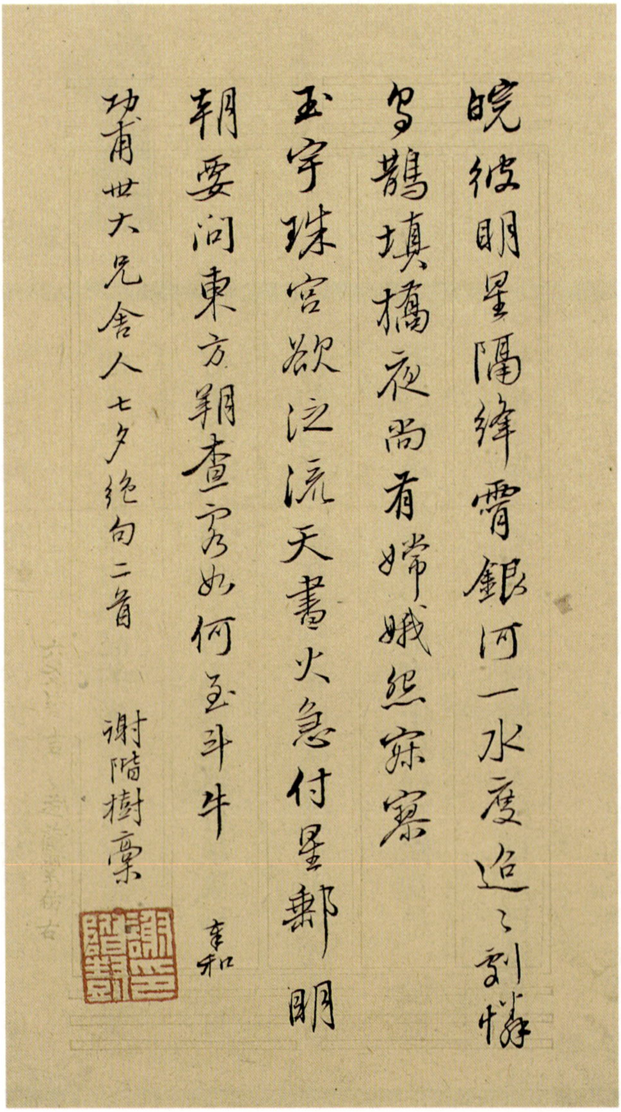

清 谢阶树 行书七夕绝句二首页

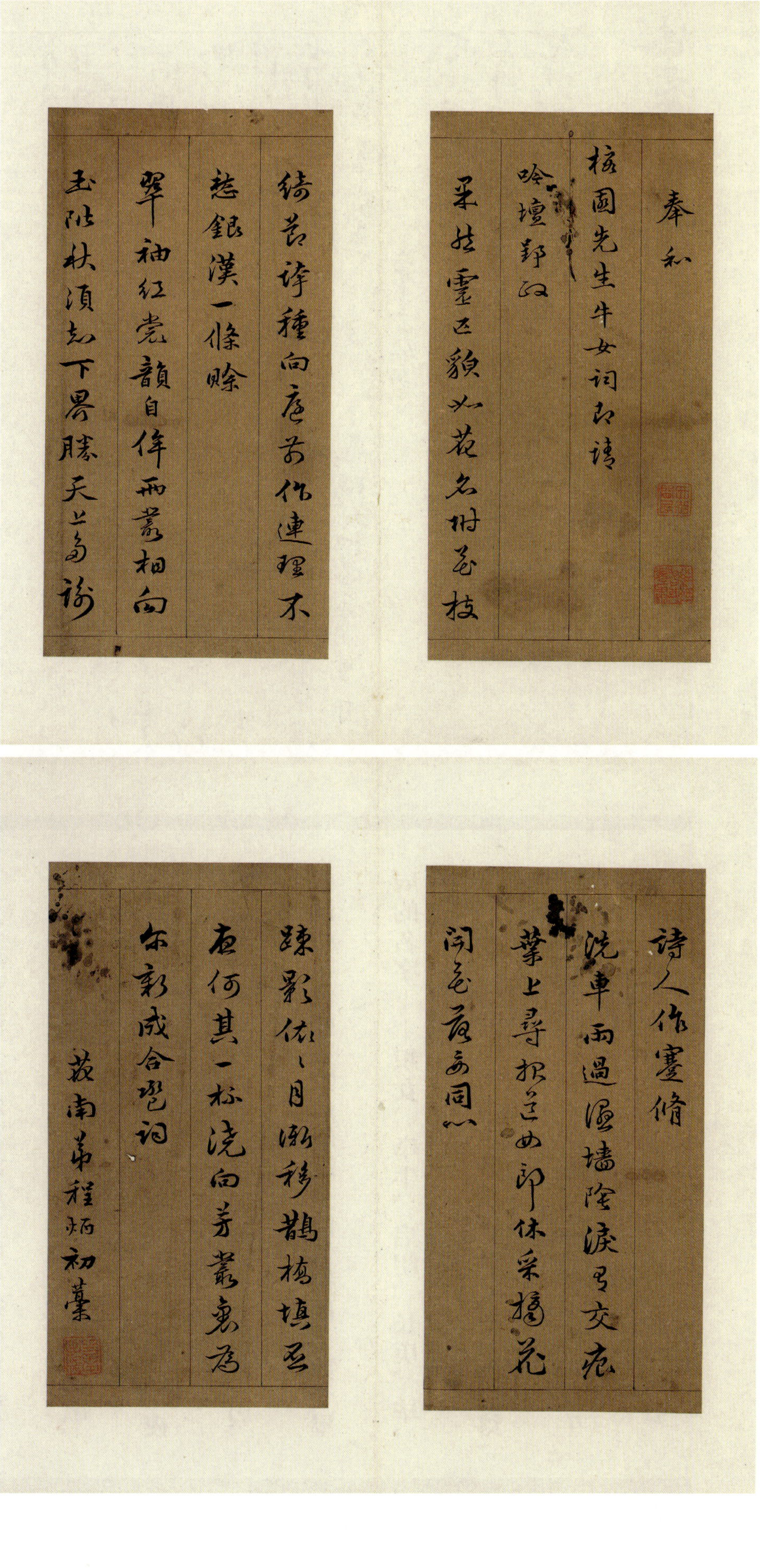

清　程炳致吴应和诗札册之「程炳致榕园牛女词诗」

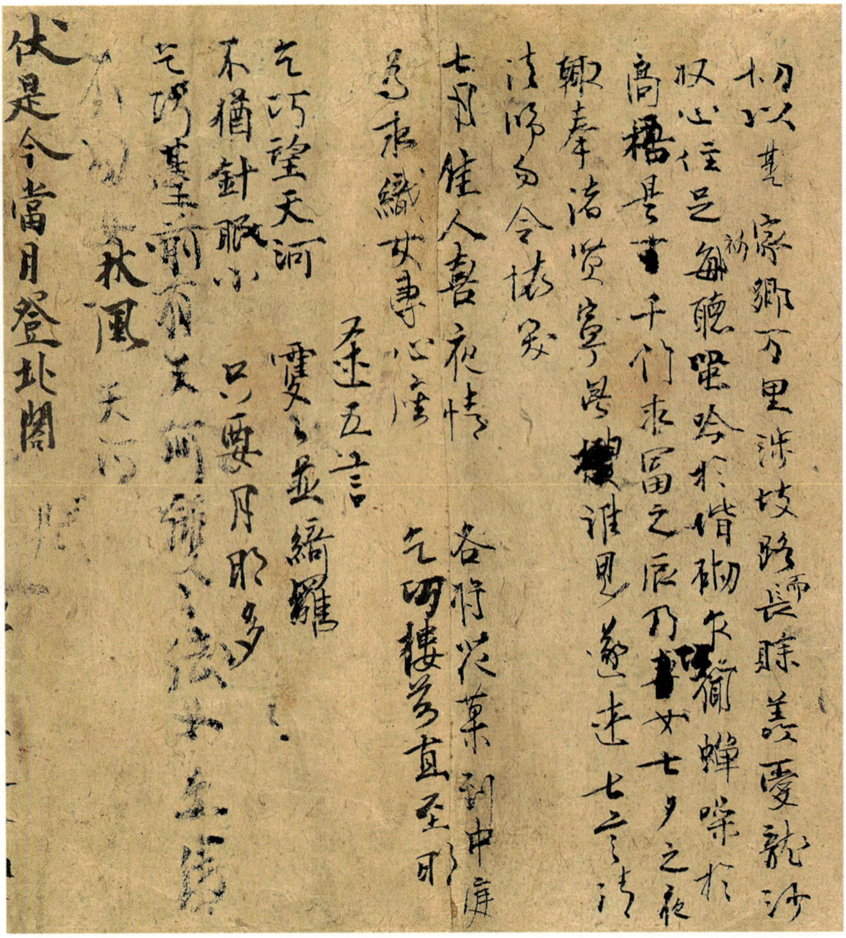

大英图书馆藏敦煌文书《七夕乞巧》诗

在《诗经·小雅·大东》中，牵牛星却实实在在地出场了。《大东》是一首征夫之歌，一名西周男子被派往东方服役，披星戴月，夜行旷野，他举目四望，星河低垂，众星历历。在诗中，他如数家珍般地一口气报出了数个星辰的名字——织女、牵牛、启明、长庚、毕、箕、斗。诗的作者常年劳役在外，见贵族们终日游手好闲，却安享富贵，因此禁不住触景生情，指责贵族就像天上的星星一样，尸位素餐，

清　费丹旭　七夕图轴

清 蓝地粉彩开光天河配图碗

中看不中用。银河虽然明净如水，却不可以用来作镜鉴；织女尽管终日奔忙，却没见她织成一匹布；牵牛尽管亮闪闪，却不能用来拉车……可以想见，在这首诗被形诸歌咏的年代，与牵牛织女相关的故事可能已经在民间口耳相传了。

陕西省考古研究院藏西汉天象图壁画之「牛郎织女」

诗经·小雅·大东（节选）

或以其酒，不以其浆。鞙鞙佩璲，不以其长。维天有汉，监（鉴）亦有光。跂彼织女，终日七襄。

虽则七襄，不成报章。睆彼牵牛，不以服箱。东有启明，西有长庚。有捄天毕，载施之行。

维南有箕，不可以簸扬。维北有斗，不可以挹酒浆。维南有箕，载翕其舌。维北有斗，西柄之揭。

星星何以名织女

农历七月，时属孟秋，其时暑热渐退，秋气乍起，女人们要开始忙碌了，因为她们要纺线织布，为即将来临的肃秋和寒冬准备衣裳。《诗经·豳风·七月》开篇就唱道：「七月流火，九月授衣。一之日觱发，二之日栗烈。无衣无褐，何以卒岁？」意思是说，农历

汉　纺织舞蹈画像石

清 吴观岱
采桑图扇页

七月，大火星（天蝎座 α ）向西坠落，九月要裁制寒衣，十一月寒风呼啸，十二月寒气凛冽，如果没有棉衣，寒冷的冬天该怎么过？——九月裁衣，则须八月织布，因此，七月就该是纺织娘们飞梭纺线的时候了。遥想古时，每到七月黄昏时分，天上，织女星星光璀璨，地下，纺织娘浅唱低吟，人间天上相映成趣，那颗照耀着人间纺织娘劳作的明星，因此被命名为「织女」，成为织女们的守护神。而织女星在黄昏时分高悬夜空的景象，被古人作为七月到来的标志。

明人绘　宫蚕图卷

明人绘　宫蚕图卷（局部）

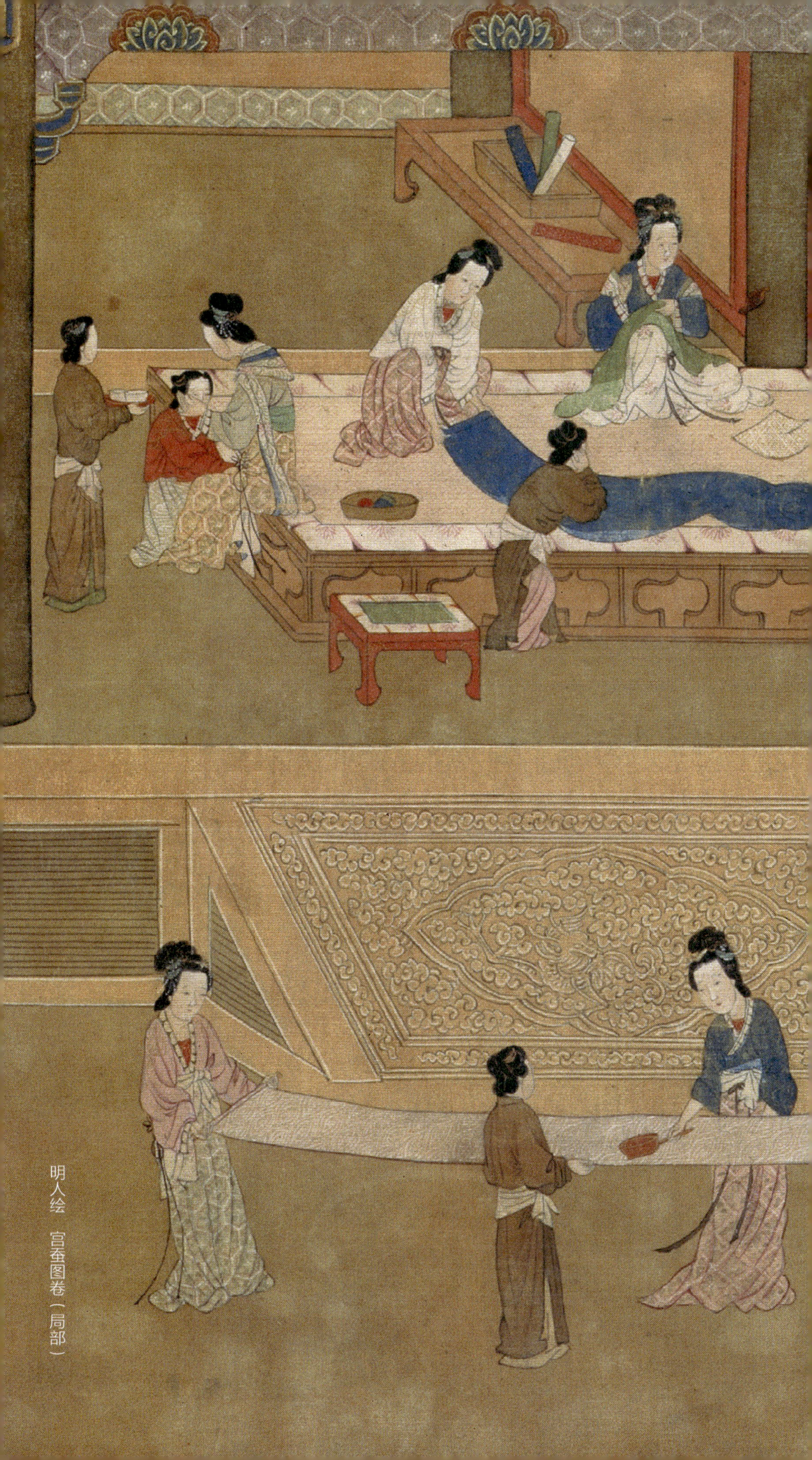

明人绘　宫蚕图卷（局部）

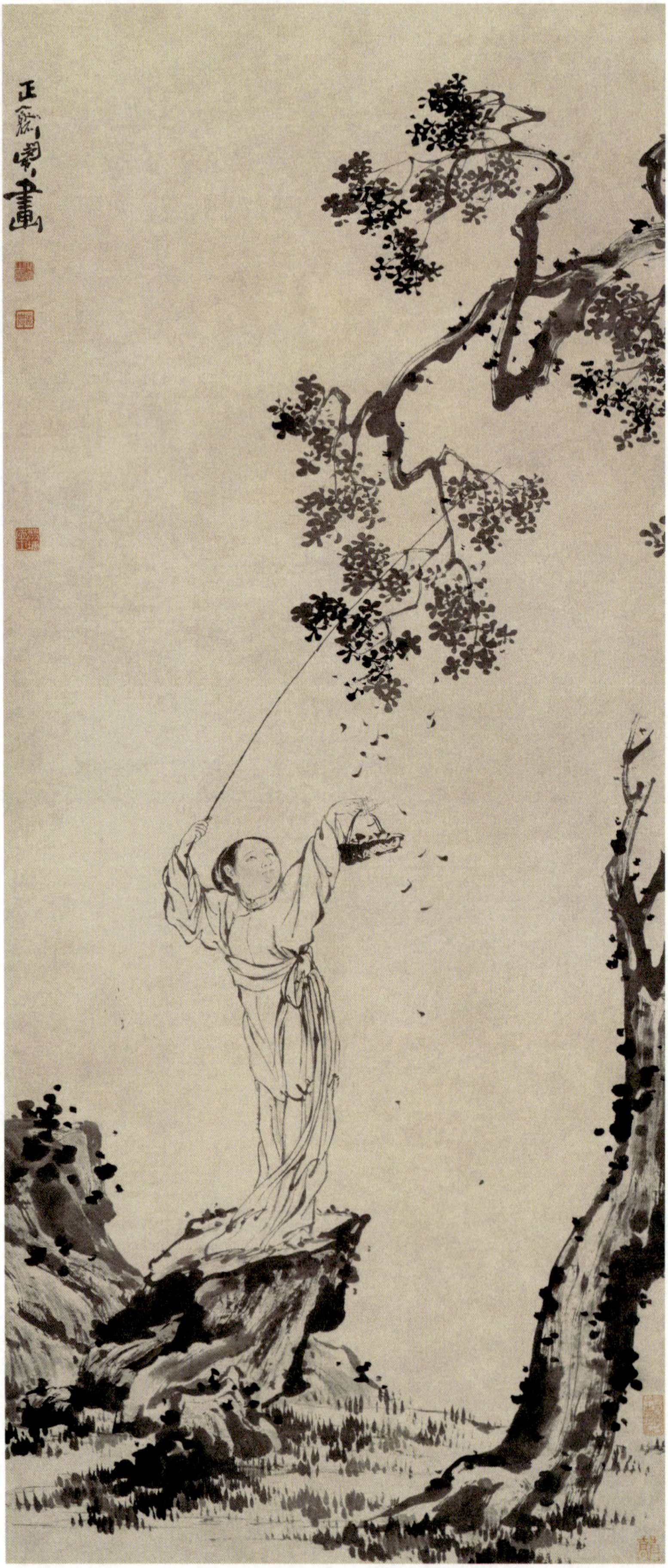

清　闵贞　采桑图轴

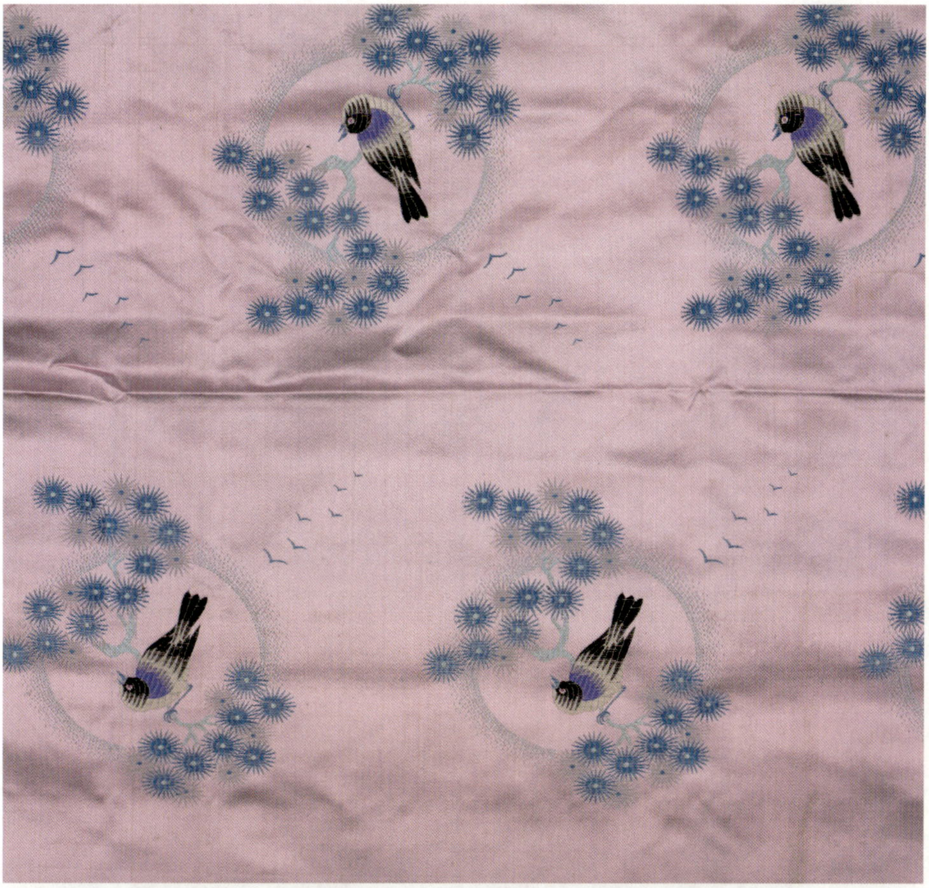

清 粉色喜鹊松月纹花缎（局部）

清 青色地梅鹊纹双层锦袪片（局部）

清　明黄色芝麻纱绣折枝梅鹊纹氅衣料

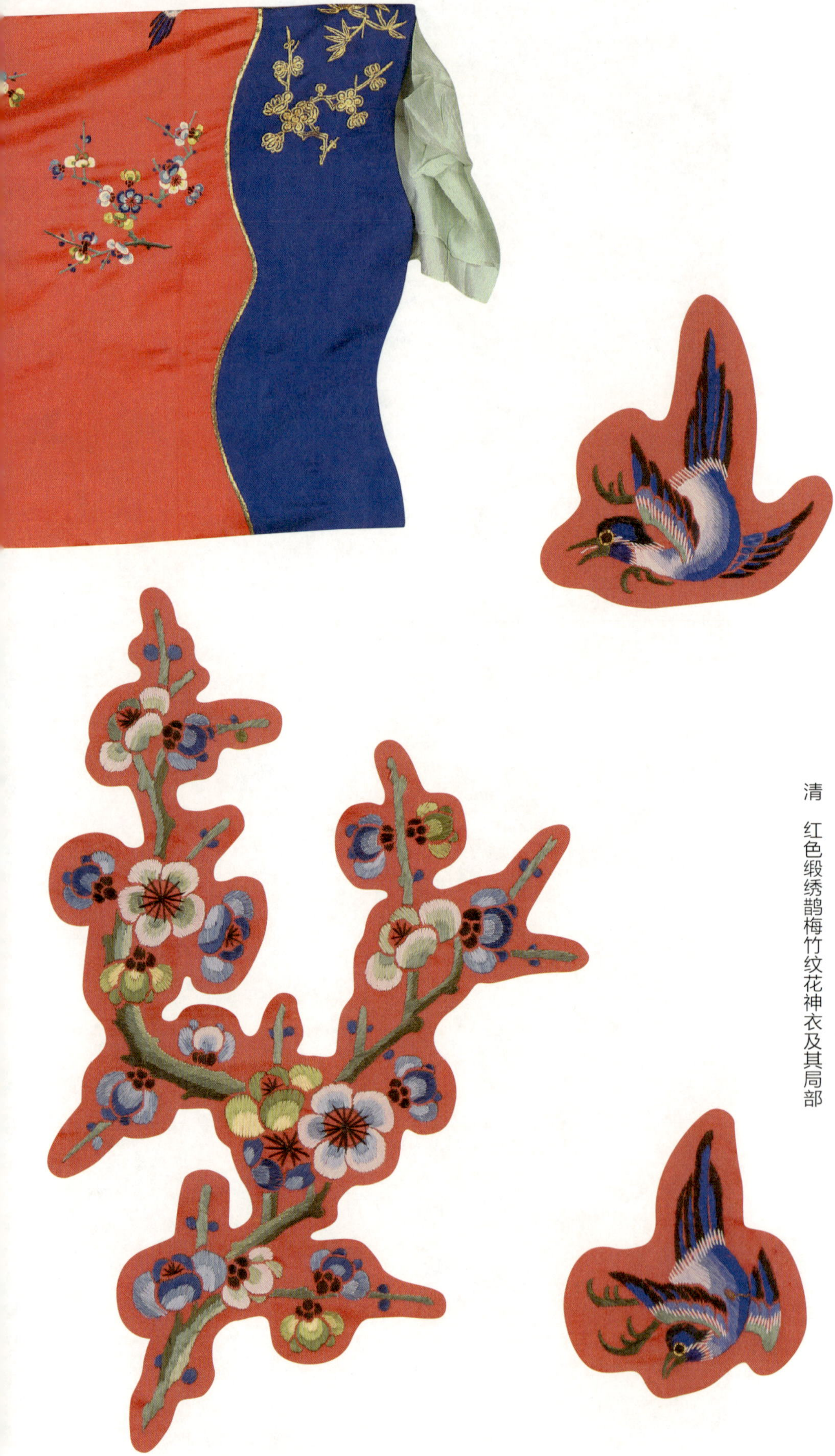

清　红色缎绣鹊梅竹纹花神衣及其局部

总之，织女星是七月纺织之月的标志星，这个名字很可能就是古时候纺织娘们命名的。她们把这颗高悬头顶的明星视为天上的织女之神，祈求她能够赐予自己灵巧的双手、聪慧的心思，织出像云锦天衣一样美丽的织物。正如七夕节是唯一一个

北宋　王居正　纺车图卷

属于女性的节日一样，织女星也是满天繁星中唯一一颗属于女性的亮星。从古至今，斗转星移，每到七月秋夜，织女星都会高悬夜空，给人间女子带来祝福。

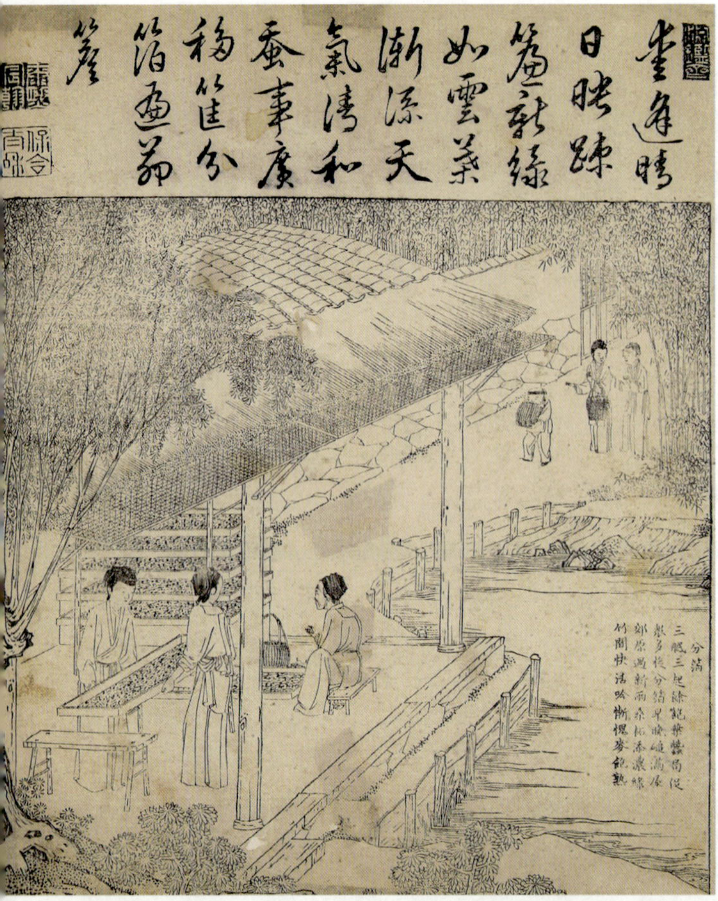

清　木刻纺织图册（十二开之四）

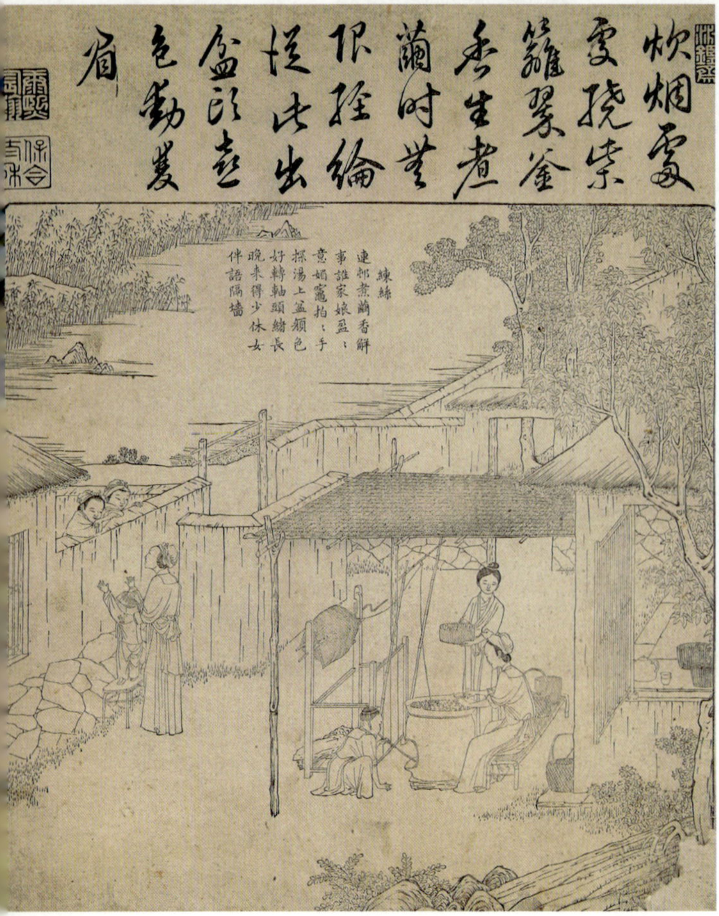

清　木刻纺织图册（十二开之七）

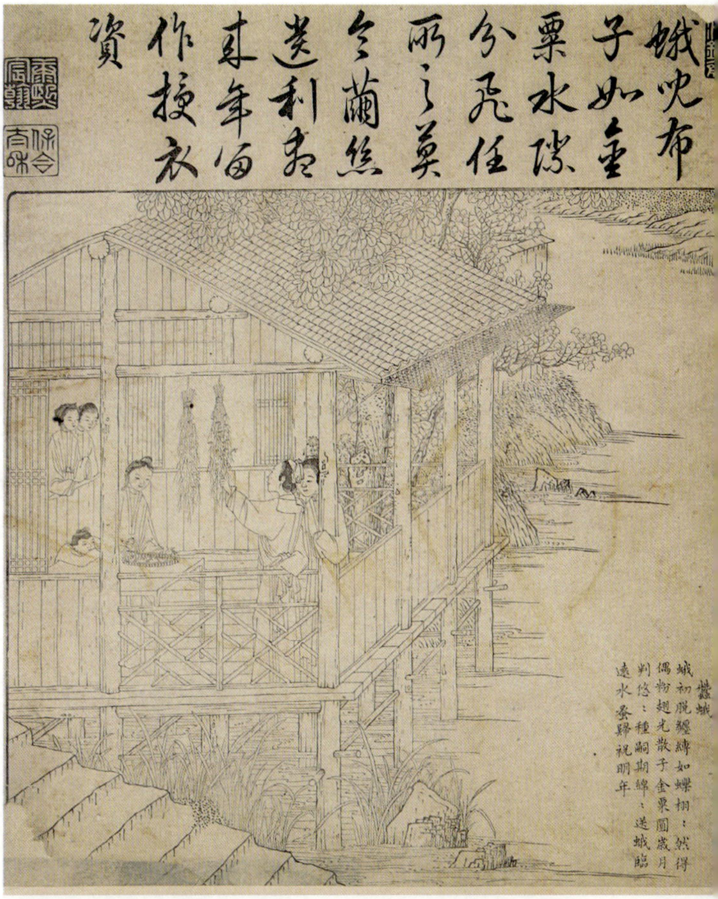

蛾吹布子如金粟水際分飛任所之莫令蘭絲送利去來年留作接衣資
蠶蛾
蛾初脫繭縛如蝶栩々然得偶粉翅光散子金粟圓歲月判悠々種嗣期綿々送蛾臨遠水蚕歸祝明年

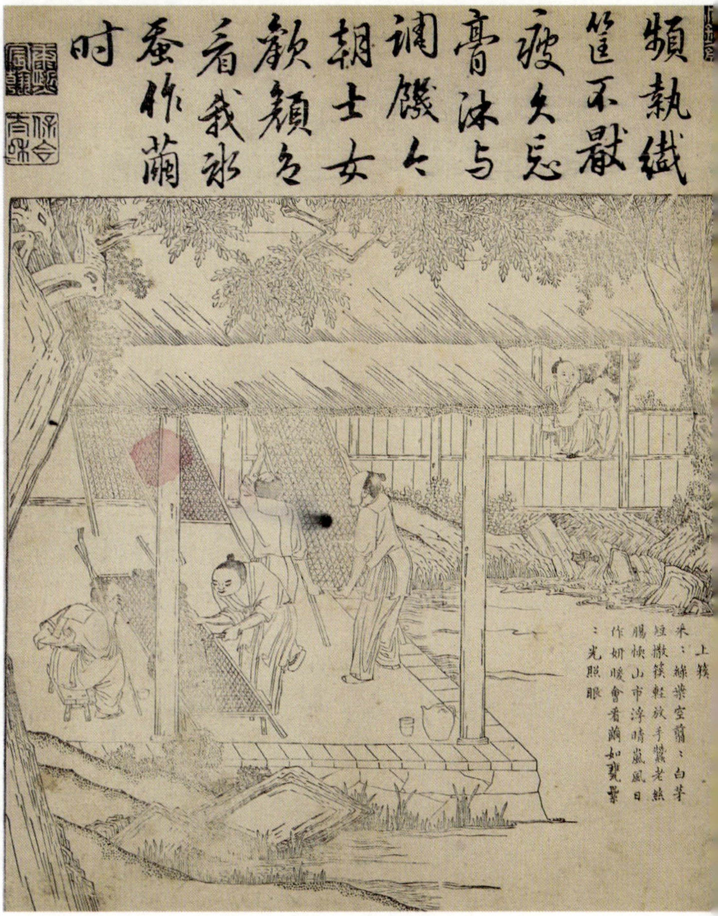

頻執纖筐不厭疲久忘膏沐与調饑今朝士女歡顏色看我冰蚕作蘭时
上簇
采々綠葉空翦々白茅短撒簇輕放手蠶老絲腸快山市浮晴嵐風日作妍暖會看繭如甕纍々光照眼

清 绵亿 耕织图册（二十三开选三）

清　绵亿　耕织图册（二十三开选三）

清　绵亿　耕织图册（二十三开选三）

清 绵亿 棉花图册（十六开选五）

清 绵亿 棉花图册（十六开选五）

清　绵亿　棉花图册（十六开选五）

七月的标志星——织女星

星本无名，古人以特定的名字赋予特定星辰，是因为在古人看来它们具有特定的意义。古人主要用星辰判断时令和农时，因此星的命名大都与时间有关。七月的时候织女星正好位于天顶的位置，人们就将织女星作为七月的标志。

《诗经》中的「纺织娘」

《诗经·豳风·七月》还提到蟋蟀，「七月在野，八月在宇，九月在户，十月蟋蟀入我床下」。因蟋蟀从七月开始，就陪伴着纺织娘浅唱低吟，因此就获得了「促织」或「纺织娘」的雅号。「促织鸣，懒妇惊」，诸如此类的俗谚，至今还流传民间。织女当空，促织夜鸣，皆为七月来临的标志，由促织之得名于女工，也足以佐证织女星得名于织绩之期。

清 五彩耕织图棒槌瓶

五代　周文矩　西子浣纱图页

清 蒋槤 秋虫图册（十二开之八）

第二章

节俗

唐朝诗人杜牧的《秋夕》吟咏道：「银烛秋光冷画屏，轻罗小扇扑流萤。天阶夜色凉如水，坐看牵牛织女星。」这首诗显现的画面带有色彩和动感，使人对渺渺星河产生无限遐想，诗里咏唱的节庆习俗便是七夕。七夕，暑退凉至，自是一年佳候，关于七夕的节俗在不同时期的文献记载中各有不同，对月穿针、玩磨喝乐、作拜银河、穿鹊桥衫，每一项节俗都有故事与话题。

乞巧之法

在明代陆启浤的《北京岁华记》中记载「七夕，宫中最重。各家俱设宴星河下」，「儿女对银河作拜，市上卖巧果，人家所有鱼鸟什器，悉剪形肖之，五色俱备」，好一派热闹繁华的景象。七夕乞巧是女子们一年一度的大事儿，费了多少心思就是要「讨个巧」。女子们在这天要做一件最为重要的事——乞巧。

清　陈枚　月曼清游图册之「桐荫乞巧」及其局部

宫眷皆着鹊桥衫

七夕，暑退凉至，自是一年佳候。至于曝衣穿针、鹊桥牛女，所不论也。宋世，禁中以金银摩睺罗为玩具，分赐大臣。今内廷虽尚设乞巧山子，兵仗局进乞巧针，至宫嫔辈则皆衣鹊桥补服，而外廷侍从不及拜赐矣。

——明·沈德符《万历野获编》卷二「七夕」

七月初七日七夕节，宫眷穿鹊桥补子。宫中设乞巧山子，兵仗局伺候乞巧针。

——明·刘若愚《酌中志》卷二十「饮食好尚纪略」

七夕金针进印监，掌宫催着鹊桥衫。旋来乞巧山前立，守看蛛丝结玉函。

——清·高兆《启祯宫词》

明　洒线绣牛郎织女图经皮

经皮略呈方形，以红色直径纱为地，再用红、绿、黄、白等色绒线、衣线及捻金线绣制七夕牛女鹊桥相会的场景。经皮底部，居中为波光粼粼的银河，银河之上横跨一桥，桥的两端牛郎织女相对站立，尽处绣出湖石及灵芝，桥下及银河之上喜鹊云集。牛郎、织女均作仙人装束，手持笏板，并附头光，前导提炉，扈从掌扇，随牛郎织女相向而行，为祥云所笼罩。远处，天宫楼阙亦隐现于祥云之中。经皮上方左右空中绣出星宿中的牛宿、女宿，牛郎一侧为三星，织女一侧为四星。经皮上下各绣以五彩流云。

何谓「牛女」

古籍中常常提到「牛女」，所指有二：一是二十八宿中的牛宿与女宿；二是七夕传说中的两位主角——牛郎和织女。牛宿是北方玄武第二宿，作为主体星官的牛宿有六颗星，上部二颗像一对牛角，中部一颗像头身，底部三颗像三足；女宿是北方玄武第三宿，主体星官女宿有四颗星，形如簸箕。而神话传说中的牛郎，亦称「河鼓」，与织女同属牛宿，都是三颗星。因此，对照星图会发现，明代补子上的牵牛、织女星与实际并不吻合。织女本该是三颗星，在明代补子中却是四星相连，这或许是人们将织女三星与女宿四星混淆所致；牵牛星，即河鼓星应呈直线排列，被想象成牛郎挑着一双儿女，排成三角形就成了织女星。

明　红纱地洒线绣云龙纹方补

鹊桥补子除了以牛郎、织女、乌鹊、拱桥作为装饰主体之外，还另有式样，对主体均作减省，仅保留牛女相会时所需的拱桥，并以龙纹作为装饰。北京艺术博物馆藏补子正中，一条银河横贯上下，一桥横跨银河之上，桥的两端为升龙各一，龙发上扬，龙嘴开张，龙身扭动朝向银河，前伸一爪紧抓宝珠托举过顶。双龙及身后的天宫楼阙，均在祥云的笼罩之中。空中亦绣有牛、女二宿，左为三星，右为四星。

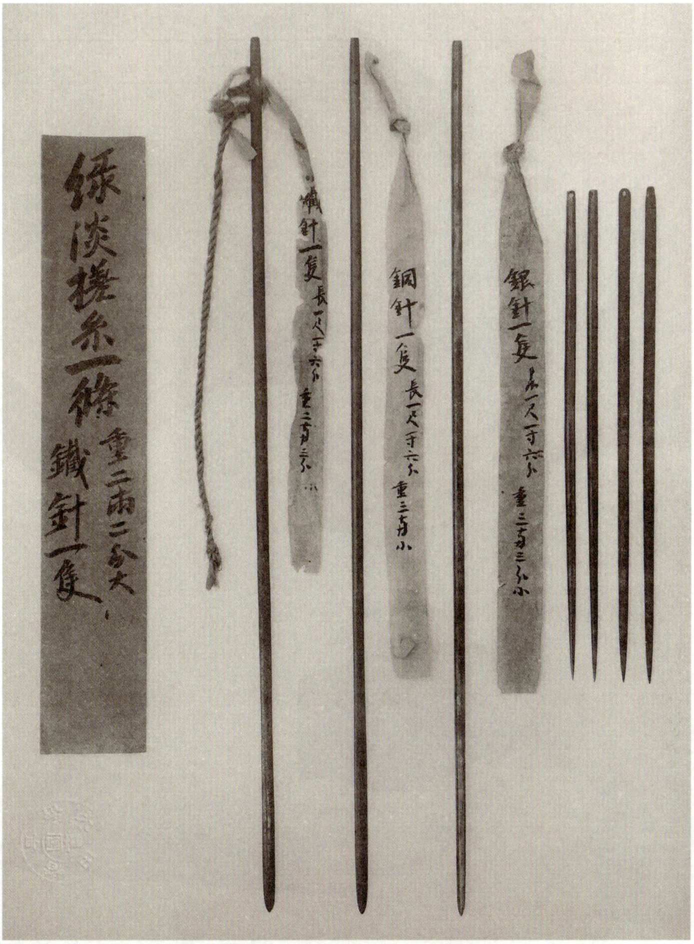

正仓院所藏的七根针

乞巧的法子有好几种，有「穿针乞巧」「喜蛛应巧」和「投针验巧」。其中「穿针乞巧」的习俗来源最早，七夕夜女子们聚在一处将七根针或者九根针并排放在一起，能将五彩丝线连续穿过七个针孔或者九个针孔的女子便是「得巧」，反之就是「不得巧」。此外还有比穿针快慢的，能最快穿过针孔者便为「得巧」，穿得慢即为「输巧」。

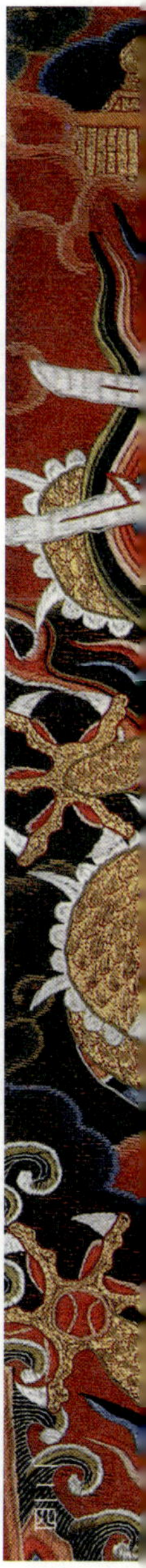

清　金银线（三组）

穿针乞巧风俗之盛

《西京杂记》说：「汉彩女常以七月七日穿七孔针于开襟楼。俱以习之。」南朝梁宗懔《荆楚岁时记》说：「是夕，人家妇女结彩缕，穿七孔针，或以金银瑜石为针。」《舆地志》里记载：「齐武帝起层城观，七月七日，宫人多登之穿针。世谓之穿针楼。」元人陶宗仪的《元氏掖庭录》说：「九引台，七夕乞巧之所。至夕，宫女登台以五彩丝穿九尾针，先完者为得巧，迟完者谓之输巧，各出资以赠得巧者焉。」唐人林杰《乞巧》诗有「家家乞巧望秋月，穿尽红丝几万条」之句，形象地说明了七夕穿针乞巧风俗之盛。

穿针乞巧卜巧拙

元来七夕之期，不论大小人家，少不得具些酒果为乞巧穿针之宴。你道怎么叫作乞巧穿针，只因天帝有个女儿，唤作织女星，日夜辛勤织纴。天帝爱其勤谨，配与牵牛星为妇。谁知织女自嫁牛郎之后，贪欢眷恋，却又好梳妆打扮，每日只是梳头，再不去调梭弄织。天帝嗔怒，罚织女住在天河之东，牛郎住在天河之西。一年只许相会一度，正是七月七日。到这一日，却教喜鹊替他在天河上填河而渡。因此世人守他渡河时分，皆于星月之下，将彩线去穿针眼。穿得过的便为得巧；穿不过的便不得巧，以此卜一年的巧拙。

——明·冯梦龙《醒世恒言》卷二十六「薛录事鱼服证仙」

清　陈枚　山水楼阁图册
（十二开选二）

清　陈枚　山水楼阁图册（十二开之八）（局部）

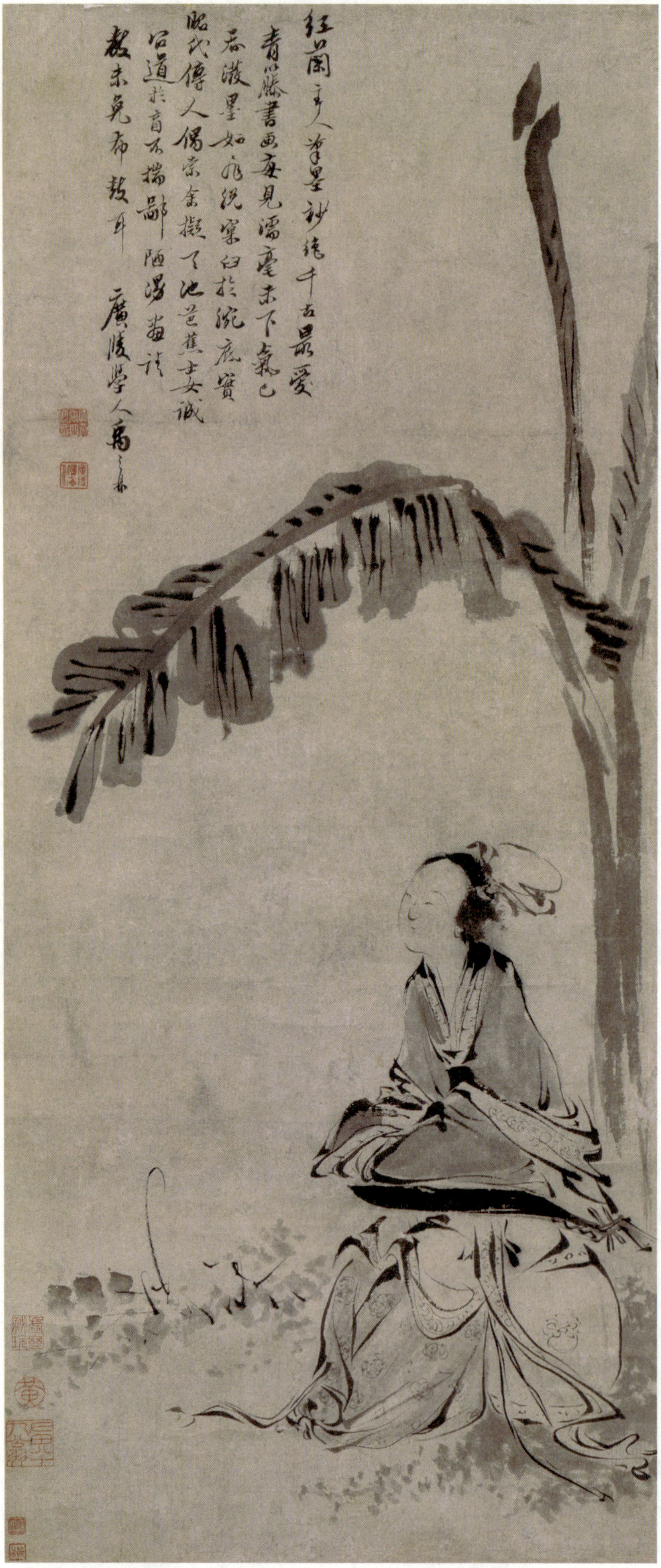

清　禹之鼎　芭蕉仕女图轴

清　沙馥　芭蕉仕女图轴

清 胡锡珪 芭蕉仕女图轴

七夕悬画

七夕宜穿针乞巧，天孙织女、楼阁、芭蕉、仕女等图……皆随时悬挂，以见岁时节序。

——明·文震亨《长物志》卷五「悬画月令」

「喜蛛应巧」的乞巧方式始于南北朝时期。南朝梁宗懔《荆楚岁时记》记载：「是夕，人家妇女结彩缕，穿七孔针，或以金银鍮石为针。陈几筵酒

清　银镀金镶珠蛛网形别针

脯瓜果于庭中以乞巧，有喜子网于瓜上，则以为符应。」五代王仁裕《开元天宝遗事》说：「七月七日，各捉蜘蛛于小盒中，至晓开；视蛛网稀密以为得巧之候。密者言巧多，稀者言巧少。民间亦效之。」北宋孟元老的《东京梦华录》说，七夕「以小蜘蛛安盒子内，次

清　银镀金嵌宝石佛手蜘蛛纹簪

清　黄色缂丝桃蜘蛛纹香袋

清　金镶珠石秋叶蜘蛛簪

日看之，若网圆正谓之得巧」。南宋周密在《乾淳岁时记》里写道：「以小蜘蛛贮盒内，以候结网之疏密为得巧之多少。」明人田汝成的《熙朝乐事》里说，七夕「以小盒盛蜘蛛，次早观其结网疏密以为得巧多寡」。可见历代占验讨巧的标准亦有变化，南北朝时期人们验看蛛网之有无，到了唐代人们验看蛛网之稀密，到了宋代人们验看蛛网是否圆正，后世之人则多遵从唐俗。

到了明清两代则又兴起了「投针验巧」的习俗，与早期的「穿针乞巧」同源而不同法，将针丢于水碗中，以水中针影卜女子巧拙。明代刘侗、于奕正的《帝京景物略》卷之二「春场」记载：「七月七日之午，丢巧针。妇女曝盎水日中，顷之，水膜生面，绣针投之则浮。

清人绘 胤禛十二月景行乐图及其局部

清乾隆　象牙雕月曼清游之「七月景」

则看水底针影，有成云物花头鸟兽影者，有成鞋及剪刀水茄影者，谓乞得巧。其影粗如槌，细如丝，直如轴蜡，此拙征矣。」《直隶志书》里说京西良乡「七月七日，妇女乞巧，投针于水，借日影以验工拙，至夜仍乞巧于织女」。清代人富察敦崇在《燕京岁时记》「丢针」里写道：「京师闺阁，于七月七日以碗水曝日下，各投小针，浮之水面，徐视水底日影，或散如花，动如云，细如线，粗如椎，因以卜女之巧拙。俗谓之丢针儿。」

清　任颐　乞巧图

雲華三十歲寫照

「磨喝乐」的话题

宋 白玉玩莲童子

宋 瓷绿釉磨喝乐

司马光有首诗《和公达过潘楼观七夕市》恰巧反映了宋京汴梁的七夕节俗，提倡「节用」的司马光看到汴京七夕的铺张奢华景象颇有微词，诗中「土偶长尺余，买之珠一囊」一句里的「土偶」倒不是说的「泥菩萨」，而是一种「泥娃娃」，这种长尺余、价值一囊珠的泥塑童子就是堪称宋人国民崇拜的「磨喝乐」。

和公达过潘楼观七夕市

织女虽七襄，不能成报章。无巧可乞汝，世人空自狂。
帝城秋色新，满市翠帟张。伪物逾百种，烂熳侵数坊。
谁家油壁车，金碧照面光。土偶长尺余，买之珠一囊。
安知杼轴劳，何物为蚕桑。纷华不足悦，浮侈真可伤。

——北宋·司马光

宋　白玉执荷童子

宋　青玉执荷童子（两件）

宋　邛窑趴卧童子像

「磨喝乐」又写作「摩睺罗」「魔合罗」，是梵语摩睺罗伽（Mahorāga）的一个外来语说法，宋代人的市井说法就是「泥孩儿」，是七夕节庆的一个吉祥物什，流传甚广。「磨喝乐」这个来自印度佛典的形象演变成顽皮可爱的小童形象，并与七夕节庆结下了深刻因缘。在傅芸子先生的相关考证中开篇便讲：「汴宋时代，七夕乞巧，铺张盛饰，逾于有唐。富贵之家于初六初七两晚，多有在中庭结彩楼——谓之乞巧楼——以乞巧的。这楼中所供的偶像，不是牵牛织女，却是『磨喝乐』。」

「磨喝乐」与「化生」

唐代「化生」已别有它的「世间相」，如长沙窑釉下彩童持莲花纹壶中的形象；两宋，「化生」则定型为持花或攀枝的童子，而成为一种运用极普遍的艺术装饰。

童子与荷叶的组合，虽仍由化生而来，但它的本义大约已经很少有人记得，却多半只是作为活泼泼的意趣和一种温暖、明亮的色调而用来装点日常生活。

——扬之水《古诗文名物新证》之《摩睺罗与化生》，故宫出版社，二〇一三年

宋　瓷加彩童子坐像

宋　青玉负荷执莲童子

「磨喝乐」长什么样

七月七夕，潘楼街东宋门外瓦子、州西梁门外瓦子、北门外、南朱雀门外街及马行街内，皆卖磨喝乐，乃小塑土偶耳。悉以雕木彩装栏座，或用红纱碧笼，或饰以金珠牙翠，有一对值数千者，禁中及贵家与士庶为时物追陪。

——北宋·孟元老《东京梦华录》卷八「七夕」

七夕前，修内司例进摩罗十桌，每桌三十枚，大者至高三尺，或用象牙雕镂，或用龙涎佛手香制造，悉用镂金珠翠。衣帽、金钱、钗镯、佩环、真珠，头发及手中所执戏具皆七宝为之，各护以五色镂金纱厨。制阃贵臣及京府等处，至有铸金为贡者，宫姬市娃，冠花衣领皆以乞巧时物为饰焉。

——南宋·周密《武林旧事》卷三「乞巧」

宋代七夕节人们所供的「泥娃娃」塑像即是「磨喝乐」，而这种祈求生养孩儿的愿望逐渐演化成莲花童子的形象，从七夕专供逐渐融入寻常生活中。两宋时期人口繁衍，经济发展，整个社会奢华、享乐的气氛十分高涨，这一点在七夕节庆的「磨喝乐」身上亦能窥

北宋　定窑白釉孩儿枕

宋　童子像陶印模（两件）

见端倪。「磨喝乐」已经不是最开始供奉的「泥娃娃」，而成了一个堆金积玉的「金娃娃」，得到人们的喜爱和争抢。祈求生养孩儿的朴素愿望有了非常丰富，甚至奢华的包装。北宋汴京每逢七夕所售「磨喝乐」中已经出现了装饰金银珠宝的类型，一对「磨喝乐」人偶甚至价值数千。尽管费用不菲，仍然是皇室侯门、仕宦公卿争抢的奢侈品。到了南宋「磨喝乐」形体更为硕大，装饰更为繁复，材质上也更加名贵，有象牙包金的，也有龙涎佛手香包金的，是为进奉御前禁中的贡品。

清　泥塑贴金童子立像

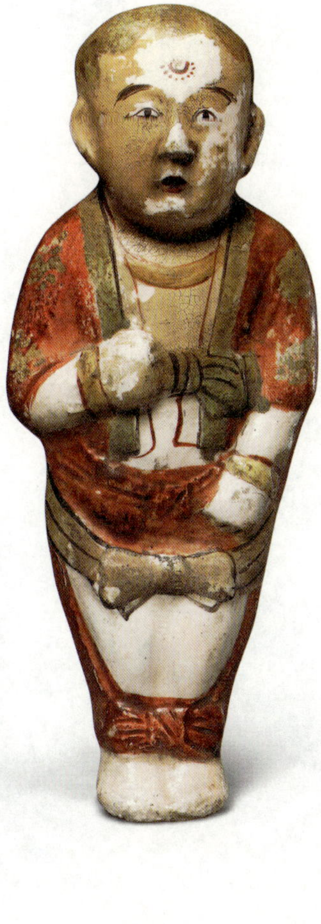

宋　五彩瓷童子像

泛槎渡天河

牛郎织女于七七之夕通过鹊桥于银河相会的故事是我们关于七夕最为浪漫的幻想，而在《博物志》中，则有着更为神幻的故事，其中记载有敢于冒险的人登上海上漂浮的「仙槎」向着大海深处一路航行，最后竟然驶达天上的银河，遇见在河边饮牛的牛郎。

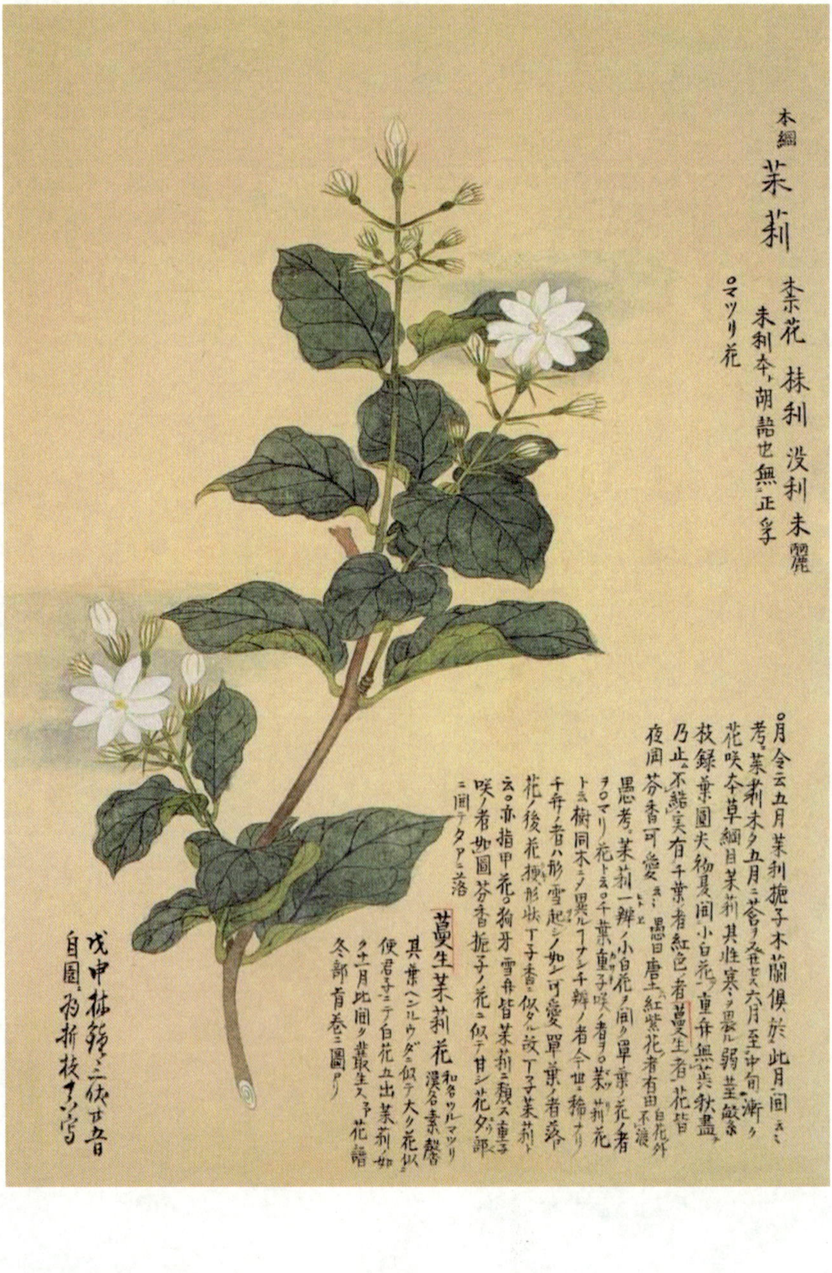

《梅园百花画谱》中所绘的「茉莉」

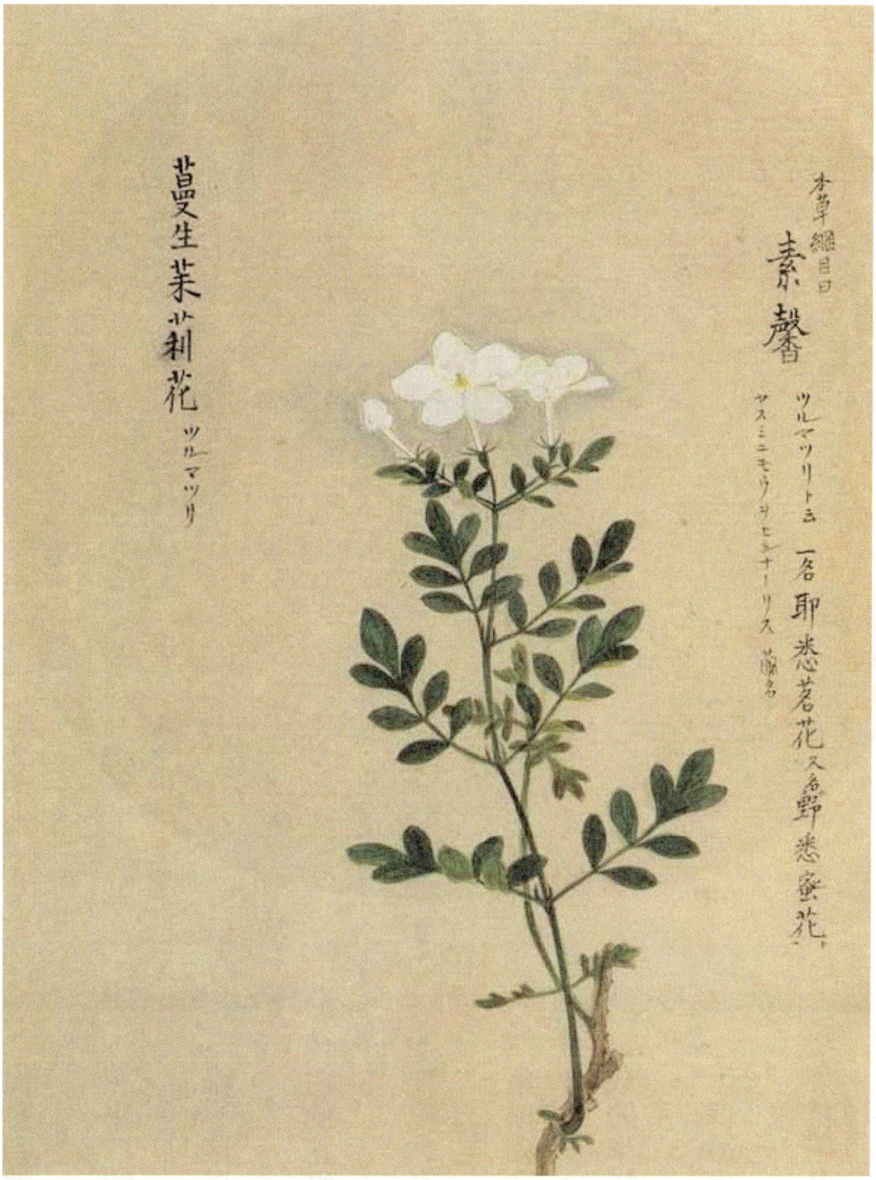

《梅园百花画谱》中所绘的「素馨」

明时的广州，七夕这一天的晚上，未婚少女们要举行「七娘会」，聚在一起乞巧，然后乘坐素馨花艇，于水面上纵游。人们会为女孩子们特意扎制「素馨花艇」。素馨花艇非常神奇，为了模仿传说中的「星槎」，一律采用尾部翘起的「高尾艇」，艇上不

宋人绘 采花图页

仅有素馨灯，还需「芳蕤作幄」，用无数素馨花串成的长流苏在艇上纵横垂挂，密集如同帐帷。这是真正意义上的「花艇」，船体遍覆雪白的花络，周沿则是冰玉般的花灯流光吐麝。船家会在高尾艇上搭起篷架，「翠羽为篷」——篷顶完全用孔雀的翠尾覆盖，形成一座碧羽结成的华帐，周围以素馨、茉莉的流苏长络装点，再垂吊冰玉般的素馨灯，同时也会点缀一些用茉莉花串成的茉莉灯。在那个时代广州人的想

清　陆灿、薛鑄合绘　云华惜花图轴

象里，传说中的「星槎」就该如此华丽，然而，这般神奇的船儿即使天上也不会有啊！不仅花艇，沿岸并肩连幢的高楼也悉数以素馨花装饰。人们把素馨花灯连成长串，一条一条地垂挂在这些楼房的屋檐下，看上去仿佛帝王冠冕上的珠旒成排，以

宋人绘《仙馆秾花图》页
台北故宫博物院藏

如此的方式，让水畔的居民楼在当晚化身成乞巧楼。女孩子先在这些为素馨花香笼罩的楼阁上开展乞巧活动，拜织女星、穿针、看水碗中浮针的映影……然后结伴转移到溢放着素馨灯、茉莉灯的光与香的素馨花艇上，乘着花艇在水上泛游。

泛槎渡天河

近世有人居海滨者，年年八月有浮槎去来，不失期，人有奇志，立飞阁于槎上，多赍粮，乘槎而去。十余日中，犹观星月日辰，自后茫茫忽忽，亦不觉昼夜。去十余日，奄至一处，有城郭状，屋舍甚严。遥望宫中多织妇，见一丈夫牵牛渚次饮之。牵牛人乃惊问曰：「何由至此？」此人具说来意，并问此是何处，答曰：「君还至蜀郡访严君平则知之。」竟不上岸，因还如期。后至蜀问君平曰：「某年月日有客星犯牵牛宿。」计年月正是此人到天河时也。

——晋·张华《博物志》卷十

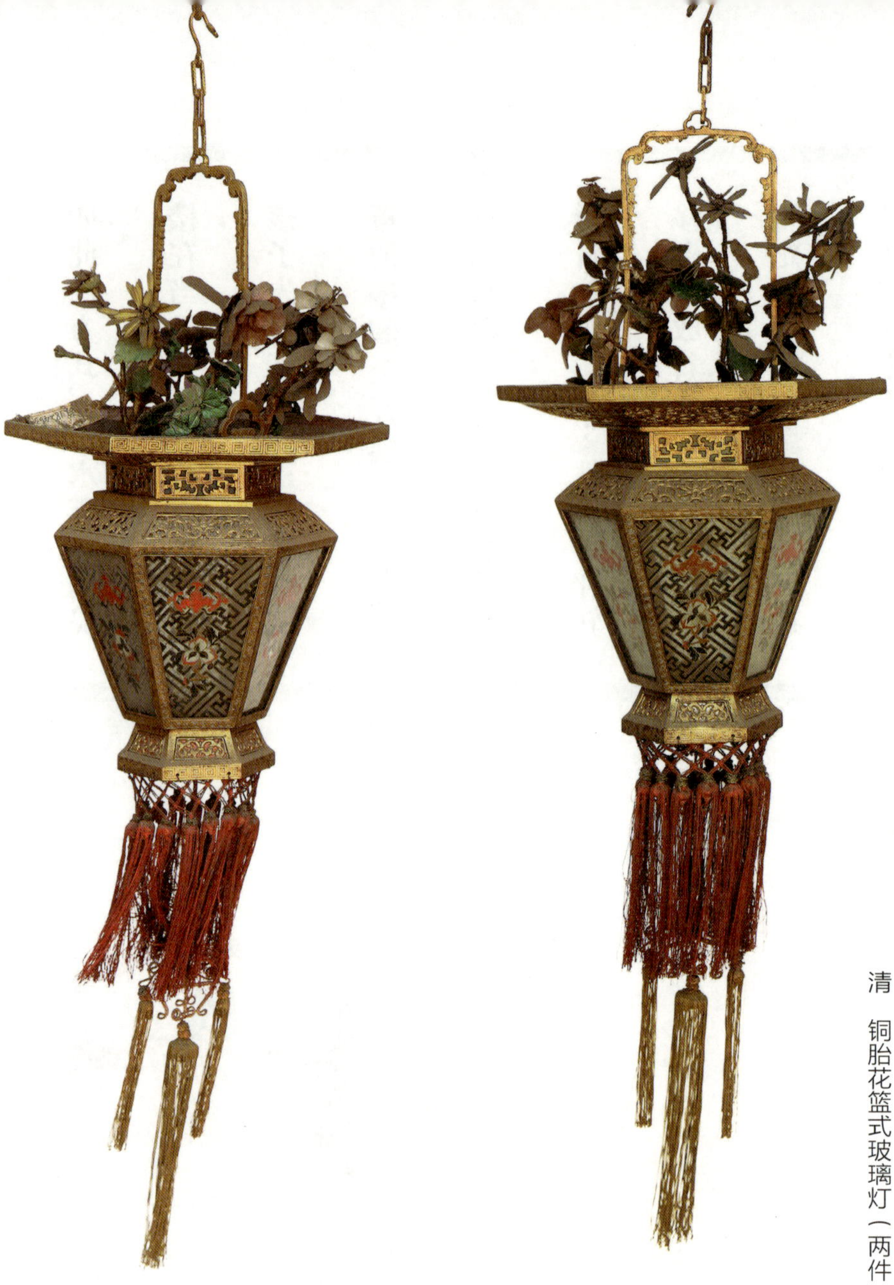

清 铜胎花篮式玻璃灯（两件）

但见沿岸的楼阁垂着鲜花灯笼的成排流苏，与波上花艇的连串灯光相映，远远看去，倒仿佛有无数传说中的大夜明珠绕舟缀挂。再一定睛，却原来每只花灯都具有奇巧造型——这个是鱼，那个是飞禽，又一盏呈龙形，再一盏为鸾凤，让人幻觉众多的

清　掐丝珐琅花篮式壁灯

清　铜丝罩玉海灯

清 象牙雕云鹤纹海棠式灯

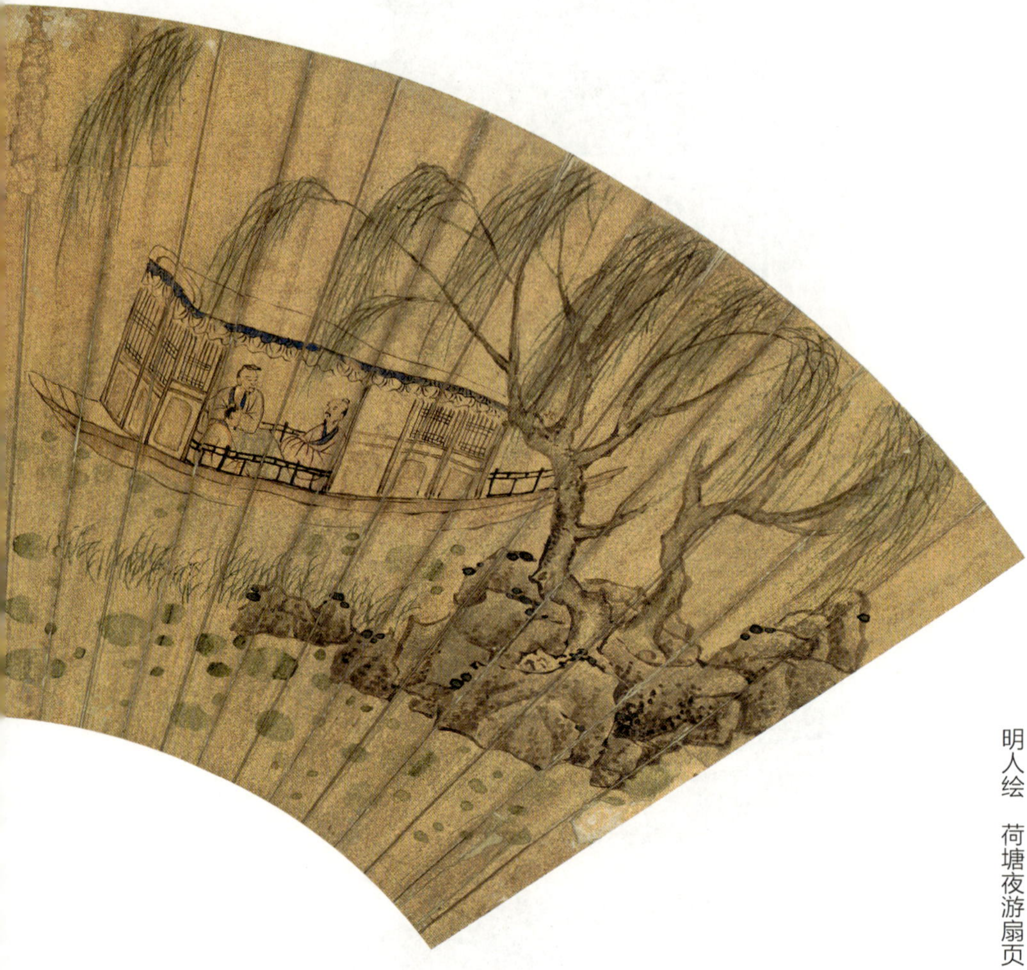

明人绘　荷塘夜游扇页

《素馨赋》中的七夕盛景

宵则芳蕤作幄，新月如钩，海上载求仙之童女，水际排乞巧之高楼。灿明灯于重檐，俨列冕之垂旒，何玲珑之雕玉，覆火齐而作舟。总贯蘂之所为，若镂冰而笼篝；布经纬以如意，象禽鱼之优游。恒有香以避暑，纵无声而知秋。

——明·黎美周

清 焦秉贞 仕女图册
（十二开之六）

珍禽异兽浩浩荡荡出行，在花香洇透的夜气中浮游。灯光自雪白的香花间泄出，照亮了花艇上的翠篷，篷下华服盛饰的少女结伴并坐，宛然便是一艘又一艘载乘着仙女的仙槎正在银河中凌波缓渡。幻想中的银河仙境，就这样呈现在凡间。

清　青玉透雕仙人乘槎

清　竹根雕仙女乘槎

清　竹根雕仙女乘槎（局部）

清 缂丝仙舟仕女图屏心

应节的宫廷剧目

清宫在七夕节间如其他节令一样要上演节令大戏，常演的有《七襄报章》《仕女乞巧》《银河鹊渡》等，另有《七夕佳辰》《双渡银河》等。据现存内务府昇平署档案来看，嘉庆至咸丰朝，皇帝的七夕节一般在圆明园度过，当日的活动主要在西峰秀色与同乐园进行。

法国国家图书馆藏清唐岱等合绘《圆明园四十景图咏》之「西峰秀色」

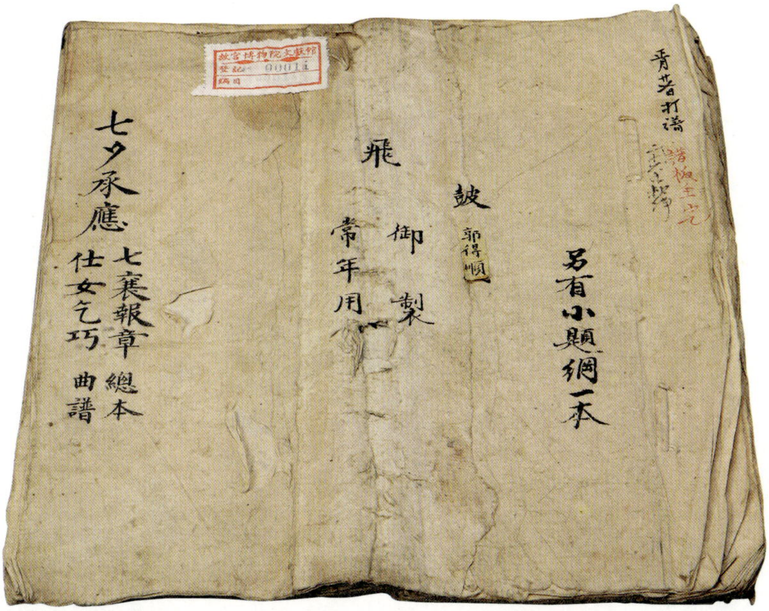
七夕承應 七襄報章 總本 仕女乞巧 曲譜

飛

常年用

御製

皷 郭得順

另有小題綱一本

青若打譜

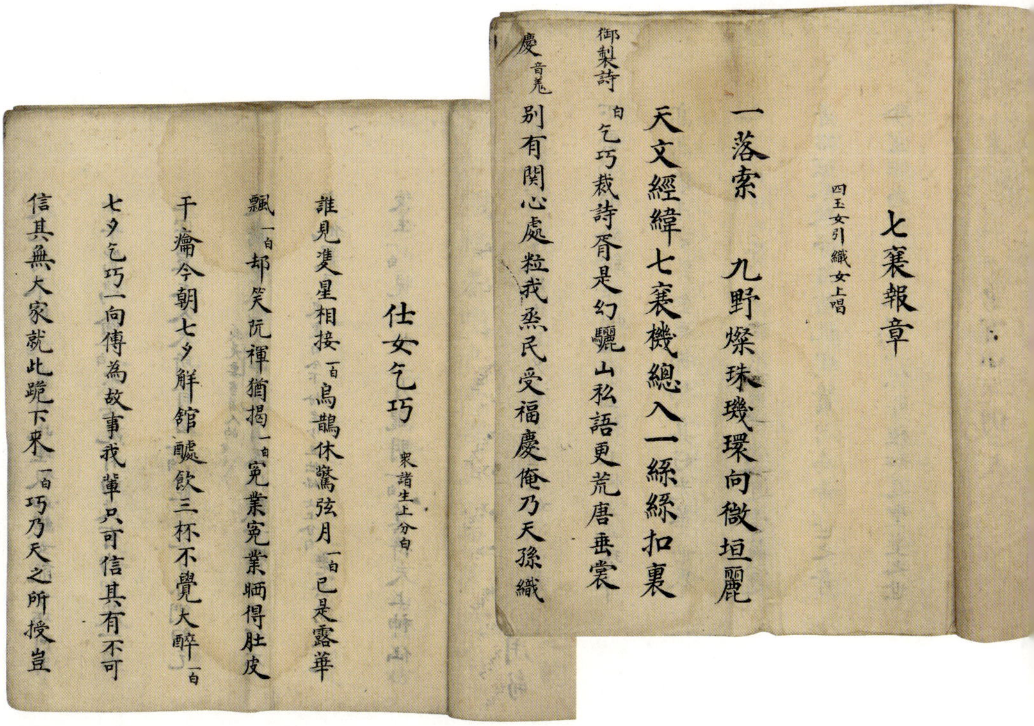
七襄報章

四五女引織女上唱

一落索

九野燦珠璣環向徵垣麗

天文經緯七襄機總入一絲絲扣裏

御製詩 白 乞巧裁詩胥是幻驪山私語更荒唐垂裳

慶音羌 別有關心處粒我烝民受福慶俺乃天孫織

仕女乞巧 衆諸生上分白

誰見雙星相接 白 烏鵲休驚弦月 白 已是露華

飄 白 却笑阮褌猶揭 白 宪業宪業晒得肚皮

干癟今朝七夕鮮館醲飲三杯不覺大醉 白

七夕乞巧一向傳為故事我輩只可信其有不可

信其無大家就此跪下來 白 巧乃天之所授豈

清宫戏本《七襄报章 仕女乞巧》封面及其内页

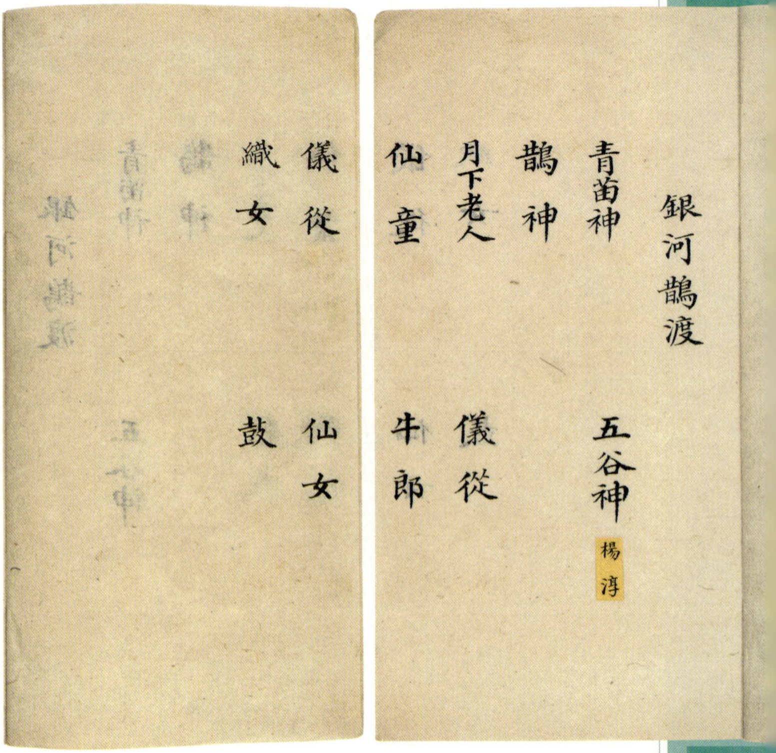
银河鵲渡

青苗神　五谷神　楊淳

鵲神

月下老人　儀從

仙童　牛郎

儀從　仙女

織女　鼓

清宫戏本《银河鹊渡》

清　雪灰色缎绣花蝶金团喜字纹织女衣

道光三年七夕节同乐园演剧活动

寅正（四点）昇平署的伶人进入内宫，卯初一刻（五点十五）开戏，皇帝当天在同乐园进早膳，前后上演《七夕佳辰》《双渡银河》大戏；《孙膑诈疯》《观画》《访素》《前索》《拷打红娘》《琴挑》《撇子》《阵产》《金沙阵》《时迁偷鸡》《扫殿》《刘二扣当》《相挑》《巧云呈瑞庆昇》等大小剧目十六种。其间卯正三刻五分（六点五十）「万岁爷前头办事」，辰初一刻六分（七点二十一）皇帝又回同乐园看戏。

清　雪灰色缎绣花蝶金团喜字纹织女衣（局部）

除在同乐园演戏外，还要在圆明园西峰秀色进行七夕节另一项重要的活动——念斋意。七夕当日，会在西峰秀色设一堂供奉，称为七夕供，由昇平署总管太监带领首领太监或官职太监等，至供奉前诵念祷辞，称为念斋意，其间还要由昇平署「十

道光十七年的「七夕供」

寅正（四点）请驾。寅正三刻（四点四十五），从慎德堂后马（码）头坐船，至西峰秀色拈香，念斋意，迎请随乐。承应戏卯初四分（五点零四）开，卯初十分（五点十分）毕。

——《恩赏日记档》

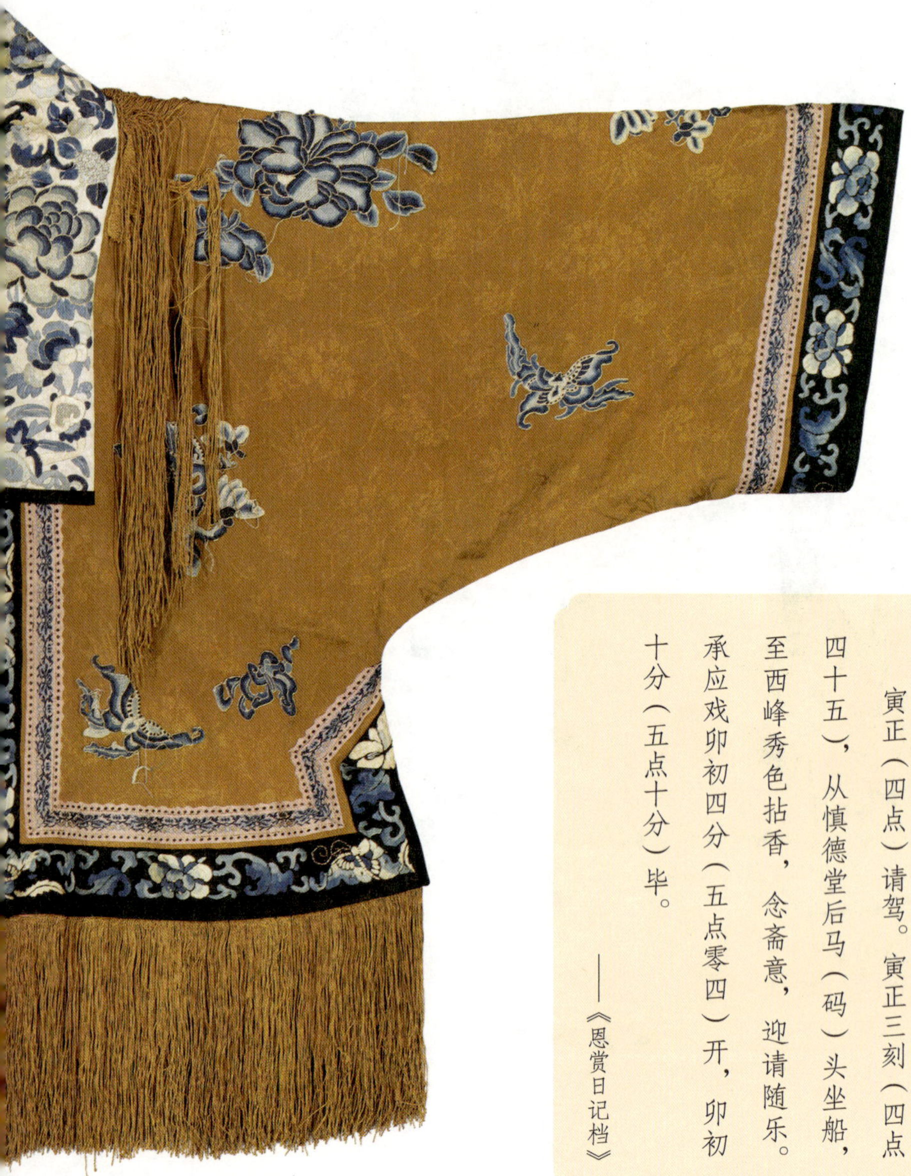

番乐」伶人作乐。七夕供同每年二月初一的太阳供、八月十五的月供一样，是每年极重要的三堂供奉，供前念斋意、作乐也是昇平署的重要工作内容。七夕供前同时也承应戏，但是极短，只是象征性地走一个过场。

清　香色绉绸缀绣花蝶纹牛郎衣

清人绘　戏剧图册之「南阳关」

道光帝偶尔也会传伶人至寝宫，如道光十九年七夕的下午，就传了八出戏到慎德堂后院「上排」（即简单化妆，在寝宫铺设地毯进行演出）。道光帝还在道光十八年的七夕传了一次《八佾舞于庭》，这种八八六十四人的群舞很得他的欢心。昇平署总管禄喜亲自登台，得到了小卷蓝实地纱袍料一件、扇子一匣、小卷蓝直径地纱袍料一件、手巾一匣、小珍珠两颗的丰厚赏赐。其余八佾士六十三名每名赏葛布一匹。

清人绘　戏剧图册之「群英会」

咸丰十年，七夕的演剧改在了奉三无私。紧接着英法侵略军便攻入北京，火烧圆明园，咸丰帝在避暑山庄过完了他的最后一个七夕。当日在避暑山庄如意洲伺候戏，「先唱《南阳关》《议剑》，再叫唱《群英会》。午正三刻（十二点四十五）开戏，未初三刻五分（十三点五十）打住。申正三刻五分（十六点五十）上《群英会》连出，酉正十分（十八点十分）打住，戌初十二分（十九点十二）上《梳妆掷戟》，三

咸丰皇帝为节令戏《七襄报章》所作的御制诗

乞巧裁诗胥是幻，骊山私语更荒唐。
垂裳别有关心处，粒我烝民受福庆。

刻十二分（十九点五十七）毕。」其间数次「打住戏」，皇帝陆续休息了好几个小时才将全天的戏看完，足见咸丰皇帝身体已经极差了。当然，咸丰帝对戏曲的热爱也可见一斑。他甚至在咸丰四年的七月初七为节令戏《七襄报章》作了两首御制诗添在剧本中，而且特别要求一首是平常之年的七月初七使用，一首是有闰年的闰七月初七使用。

同治帝登基后，七夕的演剧和念斋意当然已

清人绘　戏剧图册之「宝莲灯」

不能再在圆明园进行，全部搬回了紫禁城。七夕供设在了崇敬殿，演戏则都在漱芳斋进行。至光绪二十五年（一八九九年），我们耳熟能详的京剧名角几乎已经悉数被收入内廷。当年的七夕节，宫中上演了谭鑫培、陈德林的《宝莲灯》，罗寿山、于庄儿的《拾镯》，侯俊山的《延安府》，孙菊仙、于庄儿的《乌龙院》，堪称盛宴。在光绪朝中后期，重修的颐和园又成了宫中过七夕的重要场所，七夕供也随着搬到颐和园玉澜堂。

清人绘　戏剧图册之「战太平」

光绪二十九年颐和园过七夕演剧流程

伺候念斋意、随乐之人寅初（三点）进花园门，大卯卯正二刻（六点三十）进门。辰正一刻（八点十五）万岁爷玉澜堂拈香，伺候念斋意，随乐献戏《七襄报章》《仕女乞巧》。颐乐殿承应巳正二刻（十点三十）开戏，酉正一刻十分（十八点二十五）戏毕：《鹊桥密誓》《青峰寨》、本《镇檀州》《战北原》《彩楼配》、本《打樱桃》《战太平》、本《卧虎山》《伐子都》《玉玲珑》、本《鹊桥密誓》。（此处「本」指本宫戏班，是由长寿宫等各处太监组成的普天同庆班）

清人绘　戏剧图册之「彩楼配」

第三章

佳话

在中国古代文学作品里，有关七夕的描写，往往与爱情有关，或侧重悲剧一面或侧重喜剧一面。因为有了牛郎织女隔着银河相望、一年一会这样的浪漫故事，历史上的七夕也留下了许多佳话。长生殿里的「密誓」，「我取轩」中的深情……中国才子佳人的爱情故事因为七夕节而有了真实的温度。

爱情故事的雏形

《古诗十九首》「迢迢牵牛星」一诗中，较早呈现了一个爱情故事的雏形：「迢迢牵牛星，皎皎河汉女。纤纤擢素手，札札弄机杼。终日不成章，泣涕零如雨。河汉清且浅，相去复几许。盈盈一水间，脉脉不得语。」初秋北方天空中令人瞩目的这两

清　紫檀木边绣七夕图屏（局部）

明　陈洪绶　仕女图轴

清　冷铨　仕女图轴

个星座被联系在一起，拟人化了，故事带着爱情中相望而不可得的悲剧感。虽然这诗和七夕还没有关系，但此后的七夕习俗，都离不开牛郎织女的爱情故事。乞求婚姻幸福，一直是七夕所有习俗中最重要的。

清　崔错　仕女图册页

清　王儒学　仕女贴落

清　姚燮　柳荫仕女轴

明 沈贞 仕女图轴

明　唐寅　山茶仕女图轴

鹊桥仙·纤云弄巧

纤云弄巧，飞星传恨，银汉迢迢暗度。
金风玉露一相逢，便胜却人间无数。
柔情似水，佳期如梦，忍顾鹊桥归路。
两情若是久长时，又岂在朝朝暮暮。

——北宋·秦观

写七夕的诗词不胜枚举，以秦观的《鹊桥仙》最著名，以恒在的真情对抗漫长的分离，是无奈中的豁达。唐朝文学家、宰相权德舆所说「家人竟喜开妆镜，月下穿针拜九霄」所指就是唐代七夕的习俗，而杜甫的「万古永相望，七夕谁见同」，则是少有的质疑牛女双星故事的诗句。

清　任熊　仕女图轴

清　华喦　白描仕女图轴

《长恨歌》中的「密誓」便发生在七夕，「七月七日长生殿，夜半无人私语时。在天愿作比翼鸟，在地愿为连理枝」，诗中提到的七夕月下誓词，从此成为经典中的经典，传唱不衰。如果说七夕牛女故事传递的是别离以及别离带来的伤感，那么《长恨歌》《长生殿》的七夕盟誓故事，则带有人们对于「生生世世为夫妻」的坚贞之爱的渴求和祈望。

「愿生生世世为夫妇」

在明清的文人札记中，七夕被提及时往往意味深长。明末清初冒襄在《影梅庵忆语》中回顾了他和董小宛悲欢离合的爱情婚姻之路。当董姬逝去之后，他回想起顺治五年的七夕，董小宛被天上美丽的晚霞激发了灵感，以祥云纹样做了一个金手镯，

清 白玉比翼同心合符及其拓片

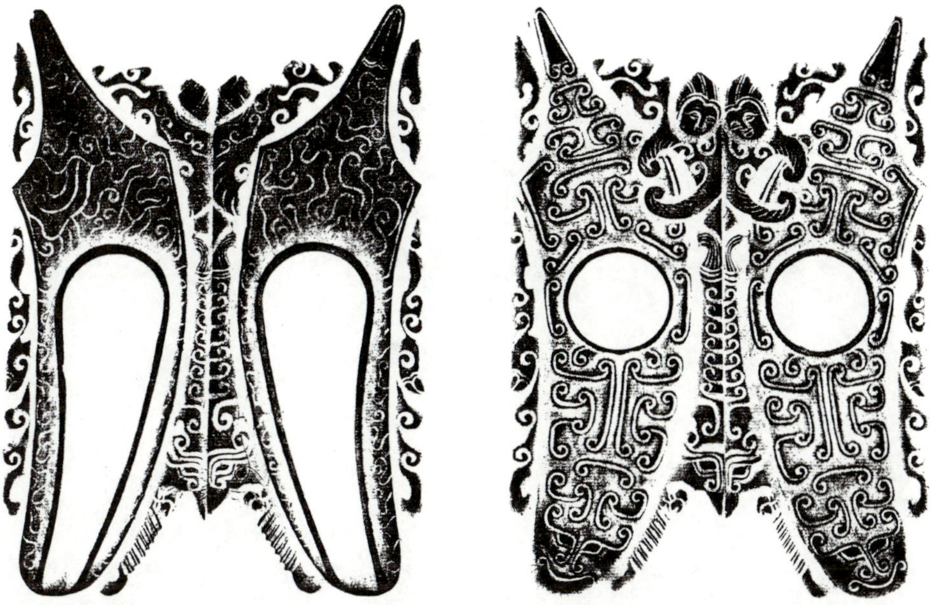

当时冒襄题了「乞巧」「覆祥」四字镌在手镯上。而顺治六年的七月，这个镯子忽然断裂，在重修的时候，冒襄将原来的「乞巧」「覆祥」四个字换成了「比翼」「连理」四个字，这本是夫妻感情美满的象征，但是联想到长生殿唐明皇和杨贵妃的故事，这个七夕的金镯子忽然就有了悲凄的意味，浪漫中带着伤感，有一种殒逝的征兆。当董小宛玉碎香消之后，冒襄非常后悔自己选用了后四个字，「何以率书，竟

宋 张茂 鸳鸯图页

明 陈洪绶 荷花鸳鸯图轴

令《长恨》再谱也」，太轻率地用了那四个看起来美满但是却饱含了沉重历史情感的字。而董小宛这个不爱金珠宝饰的女子，最终带着这个金手镯去世，又恰恰因为「比翼」「连理」四个字，说出了她短暂一生里最热切的渴望。这短短的一段七夕文

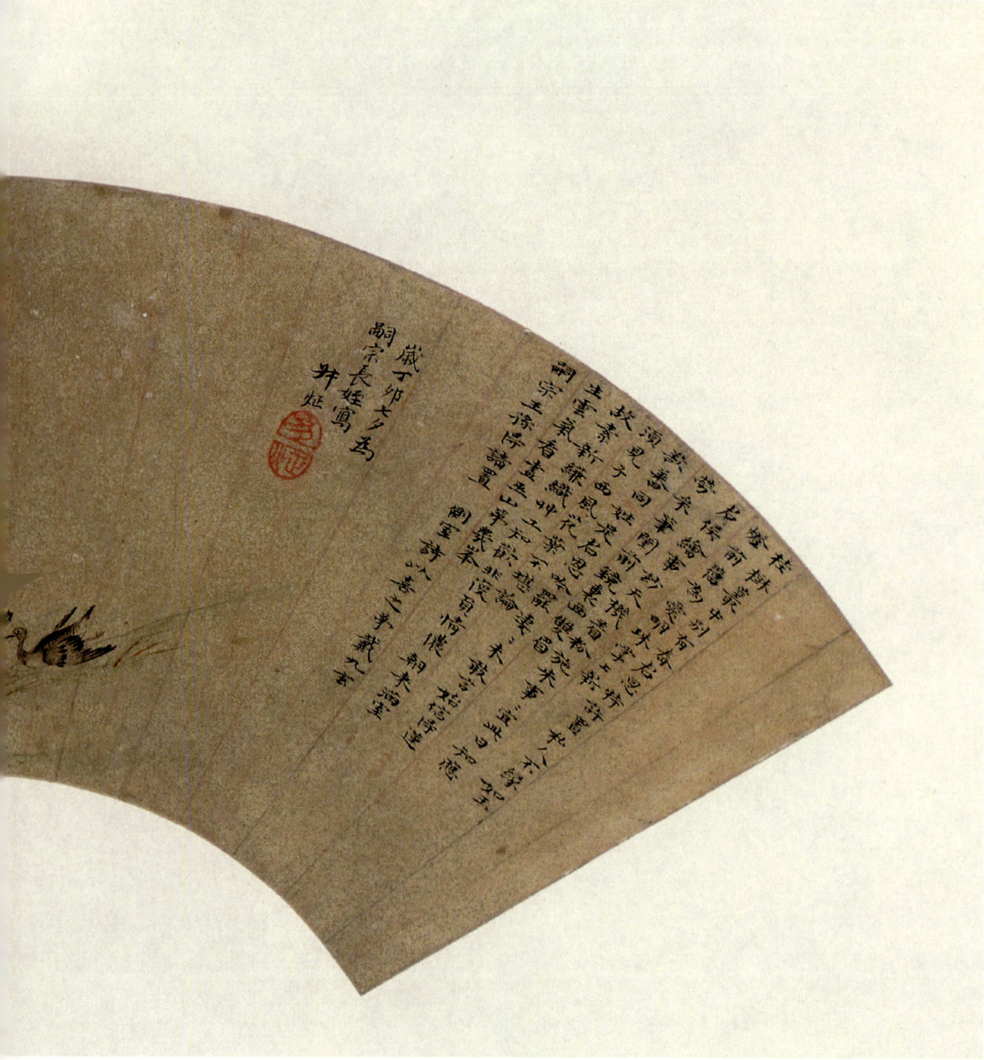

明 朱多炡 荷花鸳鸯图扇页

字里，七夕的祥云、饱含了深情的手镯、沉甸甸的「比翼」与「连理」，写尽了饱经离乱的人们对于「天长地久」的期待，使得典型的才子佳人爱情故事有了真实的温度。

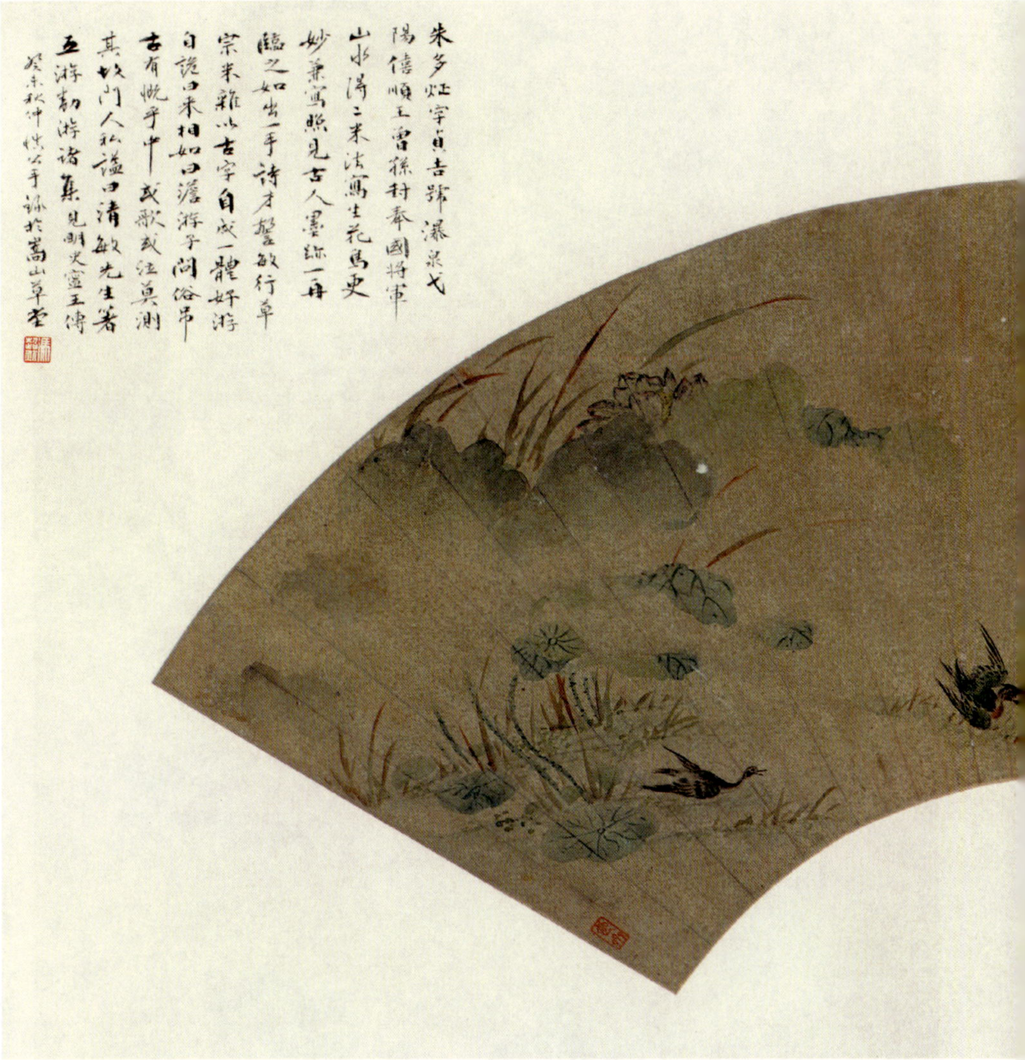

明 周之冕 双燕鸳鸯图轴

清 王幼学 荷沼鸳鸯图轴

明　周之冕　梅茶鸳鸯图轴

明　吕棠　鸳鸯图轴

近代　张大千　连理双鸽镜心

沈复《浮生六记》里所写的七夕拜天孙求福，所写虽像是当时世间万千凡夫凡妇的从众之举，但因其平凡中饱含的诗意和诗意中饱含的真情而令人动容。沈复写道：「是年七夕，芸设香烛瓜果，同拜天孙于我取轩中。余镌『愿生生世世为夫妇』图章二方；余执朱文，芸执白文，以为往来书信

近代 徐悲鸿 双鹊图轴

近代 徐悲鸿 双鹊秋艳图轴

近代 张穆 枝鹊图轴

南宋　沈子藩　缂丝梅花寒鹊图轴及其局部

之用。是夜月色颇佳，俯视河中，波光如练，轻罗小扇，并坐水窗，仰见飞云过天，变态万状。」在七夕，以印章的方式刻下深情，仰观天河，谈论起宇宙之大而世间夫妻却不一定都像他们这样亲密，彼此证心。这个七夕，这场坐在我取轩边亲密而轻松的谈话，在这对命运坎坷的夫妻波折不断的一生里，是必会不断被重温，给沈复遍尝亲情凉薄之后以爱的信心，这对美好的夫妻在文学史上留下了隽永的七夕佳话。

以「巧」唤名

明清的著名小说中，真正详细写七夕的较少。《日下旧闻考》等书都称七夕为女儿节，是女孩子们的聚会。但写女性活动细致精密的《红楼梦》却没有直接写七夕大观园女孩子们的活动。第四十回写聚会行酒令时，当鸳鸯说「当中『二五』是杂七」时，薛姨妈接的是「织女牛郎会七夕」。我们从中可以知道，最起码康乾年间的七夕，牛女会的主题一直都在。《红楼梦》第四十二回，写王熙凤让刘姥姥给女儿取名，刘姥姥根据女孩的生日是七月七，便给取名叫「巧姐」。王熙凤认为巧姐出生的日子不好，所以刘姥姥才「以

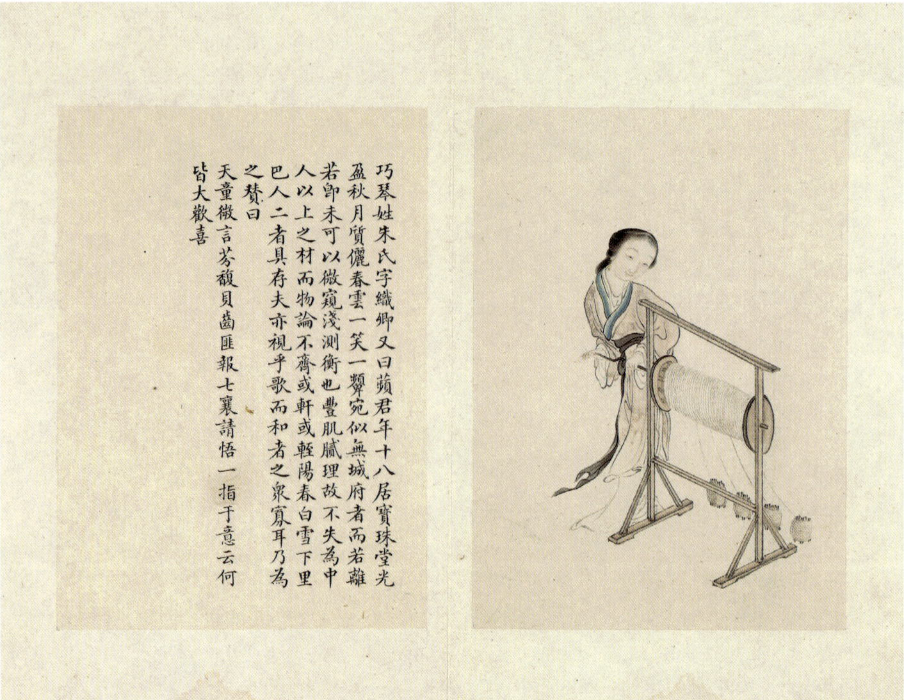

清　王素　华严仕女图册（十二开之六）

清　崔错　独立仕女图轴

明 陈洪绶、严湛合绘 仕女图轴

毒攻毒」取了个带「巧」的名字，当时的观念是若生在七夕，容易命运多波折，须得借助一点「巧」来化解，「巧姐」的名字，预示了她此后惊险的人生和最终逢凶化吉的结局。而另一个出生在此日的女子，却无此幸运。《水浒传》中杨雄的妻子名叫「巧

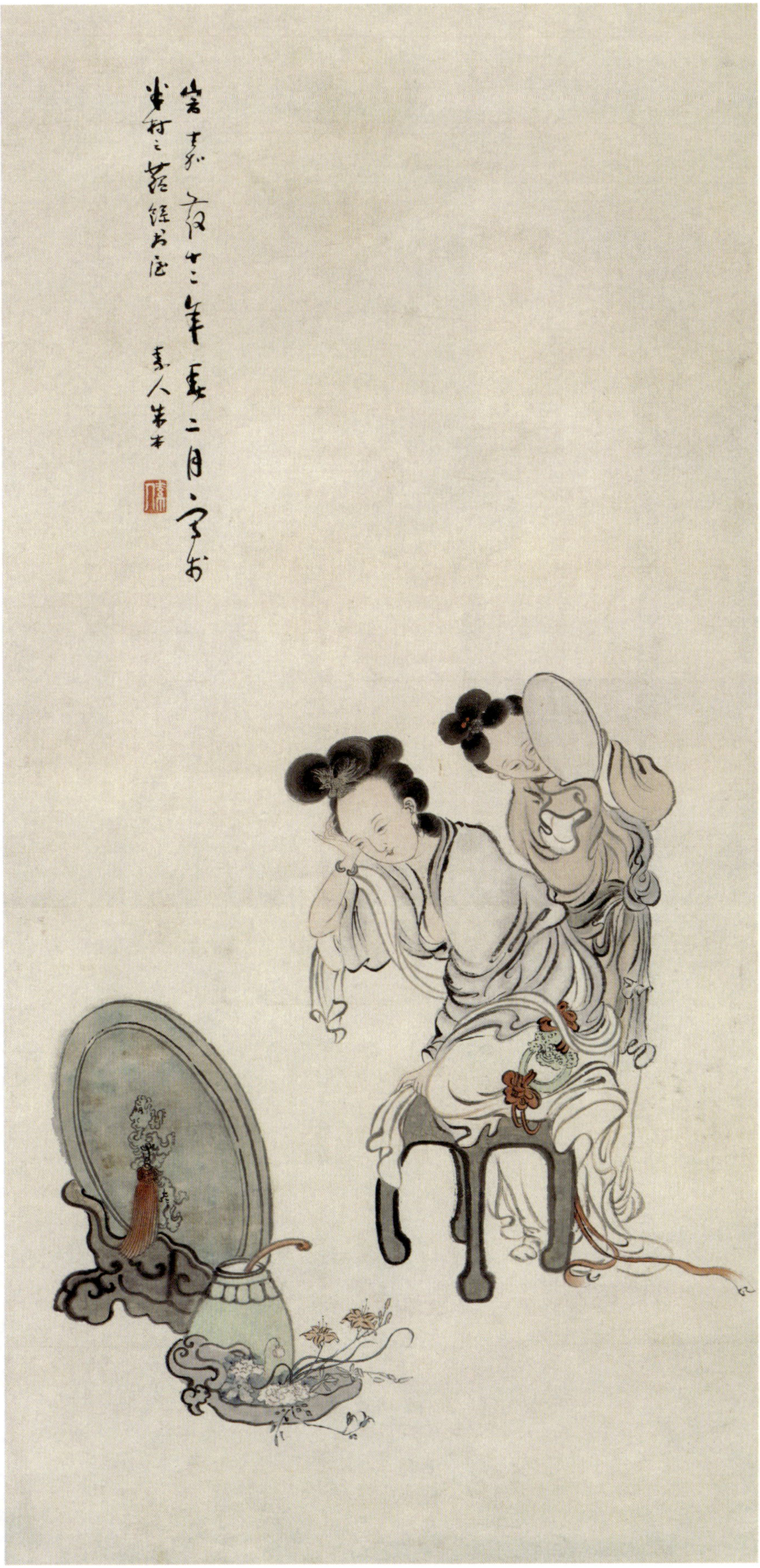

清　朱本　对镜仕女图轴

清人绘　胤禛妃行乐图轴（十二开选三）

云」，据第四十三回「锦豹子小径逢戴宗，病关索长街遇石秀」中所说，也是因为「原来那妇人是七月七日生的，因此小字唤作巧云」。同样一个「巧」字，巧云却结局悲惨。这两个出生在七夕的女子，让我们窥出不同作者对于七夕文化内涵的不同理解和表达。《红楼梦》第七十八回宝玉作《芙蓉女儿诔》来祭奠晴雯：「楼空鳷鹊，徒悬七夕之针；带断鸳鸯，谁续五丝之缕？」提到了七夕的鹊桥会，也提到了

《红楼梦》中以「巧」唤名

刘姥姥听说，便想了一想，笑道：「不知他几时生的？」凤姐儿道：「正是生日的日子不好呢，可巧是七月初七日。」刘姥姥忙笑道：「这个正好，就叫他是巧哥儿。这叫作『以毒攻毒，以火攻火』的法子。姑奶奶定要依我这名字，他必长命百岁。日后大了，各人成家立业，或一时有不遂心的事，必然是遇难成祥，逢凶化吉，却从这『巧』字上来。」凤姐儿听了，自是欢喜，忙道谢，又笑道：「只保佑他应了你的话就好了。」

——《红楼梦》四十二回「蘅芜君兰方解疑癖　潇湘子雅谑补余香」

穿针乞巧的风俗，而最巧、最擅长针线的晴雯被逼病死，人去楼空，只留下她补过的雀金裘。如果说晴雯是黛玉的影子，这个诔文便可以理解为原本为黛玉而作，预示了宝黛爱情的悲剧。而「带断鸳鸯」，又一语双关，埋下了鸳鸯不幸结局的伏笔。祈祷幸福、表示「相连爱」的五彩丝缕无法再续，预示了整部书的悲剧性质。虽然《红楼梦》没有用太多笔墨来写七夕，但是有限的笔墨里，写出了无限的烟波。

清 丁观鹏 宫妃话宠图轴

清　丁观鹏　宫妃话宠图轴（局部）

《红楼梦》续书众多，咸丰年间云槎外史所撰《红楼梦影》一书，作为《红楼梦》的续书之一，写宝钗、宝琴、湘云等各自婚嫁后的生活，续书的艺术水平姑且不论，但其对节令的描写非常精心，从上巳郊游、端午龙舟、七夕刻瓜到冬至日消寒，都加

清 青花仕女图盘及其局部

意刻画，颇为生动地展现了不少清末节令民俗。第十四回「制瓜灯闺中斗巧，赏荷花席上联吟」写的便是七夕，但是正如《红楼梦》一样，并不花笔墨直接写七夕，而且刻意不写晚上的乞巧之类场面，反而以小小细节，侧面透露出七夕的活动。先是写宝琴令人带来一首她写的词《鹊桥仙·咏瓜灯》，词曰：「并刀细镂，千花万叶，费尽良工心思。柔枝缠绕，却分明更间着连环卍字。窗前巧制，檐前轻挂，消遣闺中

清　五彩仕女图大瓶及其局部

游戏。夜深光暗，到天明剩几点盈盈烛泪。」从词意来看，这个瓜灯是闺中消遣所制，非常精致，镂空雕出的是花叶缠绕的图案，而且以连环的卍字图案穿插。瓜灯既可赏玩，里面放上蜡烛也可以照明，夜间挂在檐下，极富闺中儿女的温柔浪漫气息。这

清　紫檀木边绣七夕图屏风

部续书，其主旨意在消解《红楼梦》中的悲凉，写荣国府由否至亨，所以日常生活的刻画以闺阁儿女婚后和谐美满的生活为重点。而这浪漫温柔的七夕瓜灯，摇曳在初秋微凉的夜里，散发着温暖和安宁。

清　紫檀木边绣七夕图屏风（局部）

清　黄杨木雕瓜式盒

清　王余阴　仕女游戏图扇页

清　金漆瓜瓞纹瓜式盒

清　黄鞠　仕女纨扇扇页

本书内容节自《紫禁城》二〇一八年七月号刘宗迪《七夕的历史与神话》、成敏《文学中的七夕风俗与佳话》、徐文跃《明清宫廷七夕风俗掇琐》、宁霄《清宫七夕上演的节令大戏》、孟晖《明时广州的七七之夕》、曾诚《中日七夕习俗中的祈福与乞巧》。